ほろ酔いの村

超過密社会の不平等と平等

篠原 徹
Toru Shinohara

JN154617

京都大学学術出版会

城塞のように石垣に囲まれた山上の村々に辿りついたのは一九九一年の一〇月であった。いったい何軒の家があるのだろうか。どのくらいの人間が住んでいるのだろうか。政変後まもないエチオピア南部の山の上に蝟集して暮らすコンソの人びとに出会って、私の常識が音を立てて崩れていった。私の常識はコンソの非常識であり、私の非常識はコンソの常識の世界であった。いくら現実の世界のほうが想像の世界より豊かであるとはいえ、ここまで何もかもが我々の世界と対極をなすと、コンソの世界のほうが鏡の中の世界ではなく普通の人間の世界のように思えてくる。

彼らの世界は私の常識を覆す非常識が常識の世界であったが、その非常識を要約すると三つある。それは「山の頂上に住むこと」、「主食は醸造ビールであること」そして「プライバシーというものはほとんど存在しないということ」であり、私の考えではコンソのすべての非常識は、いやコンソのすべての常識はこの三つの原則から演繹的に引きだされてくる。私たちが住む世界は、「山の下に住むこと」と「醸造ビールは嗜好品であること」そして「プライバシーは守るのは当然」という非常識の世界である。どっちが常識で非常識なのか、混乱を来してしまいそうである。

コンソの人びととの長いつきあいによって、私は解釈不能な異文化というものの存在をイヤというほど知らされた。お互いに理解することのむつかしさや楽しさも十分知らされた。コンソの集落というのは中に入るとラビリンスのようになっているが、これは長く住めばいくら迷路が多くてもそれなりに慣れてくるものである。しかし、常識—非常識の区別がつかない世界は脱出不可能な精神のラビリンスに迷い込んだようで疲れること甚だしい。

いったいコンソとはどんな人びとでどんな生活をしているのであろうか。

目次

第6章 土器と織物の村
——分業は不平等社会への橋渡しとなるか……172

はじめに

結局、失われゆく文化への挽歌となってしまった。

それはアフリカの角といわれる地域を構成するひとつの国・エチオピアの南部にあって人口一〇万人程度の有畜農耕民コンソの文化のことを指している。本当にコンソの文化が地球上を覆う政治・経済のグローバリゼーションの波に飲み込まれ失われてしまったのかどうかは確かめていないので推測である。ただ、エチオピア南部の別の民族の調査を長く続けている友人の話やときどき日本の新聞でも話題になるエチオピアに関する記事によれば私の推測は多分正しいだろうと思われる[1]。山上のコンソの集落はまるで石垣の城塞のようであり、この特異性によって現在世界遺産になっているとも聞いた。コンソの社会や文化の変化は激しいものであろう。

一九九〇年アフリカの大地に初めて足を踏み入れて、

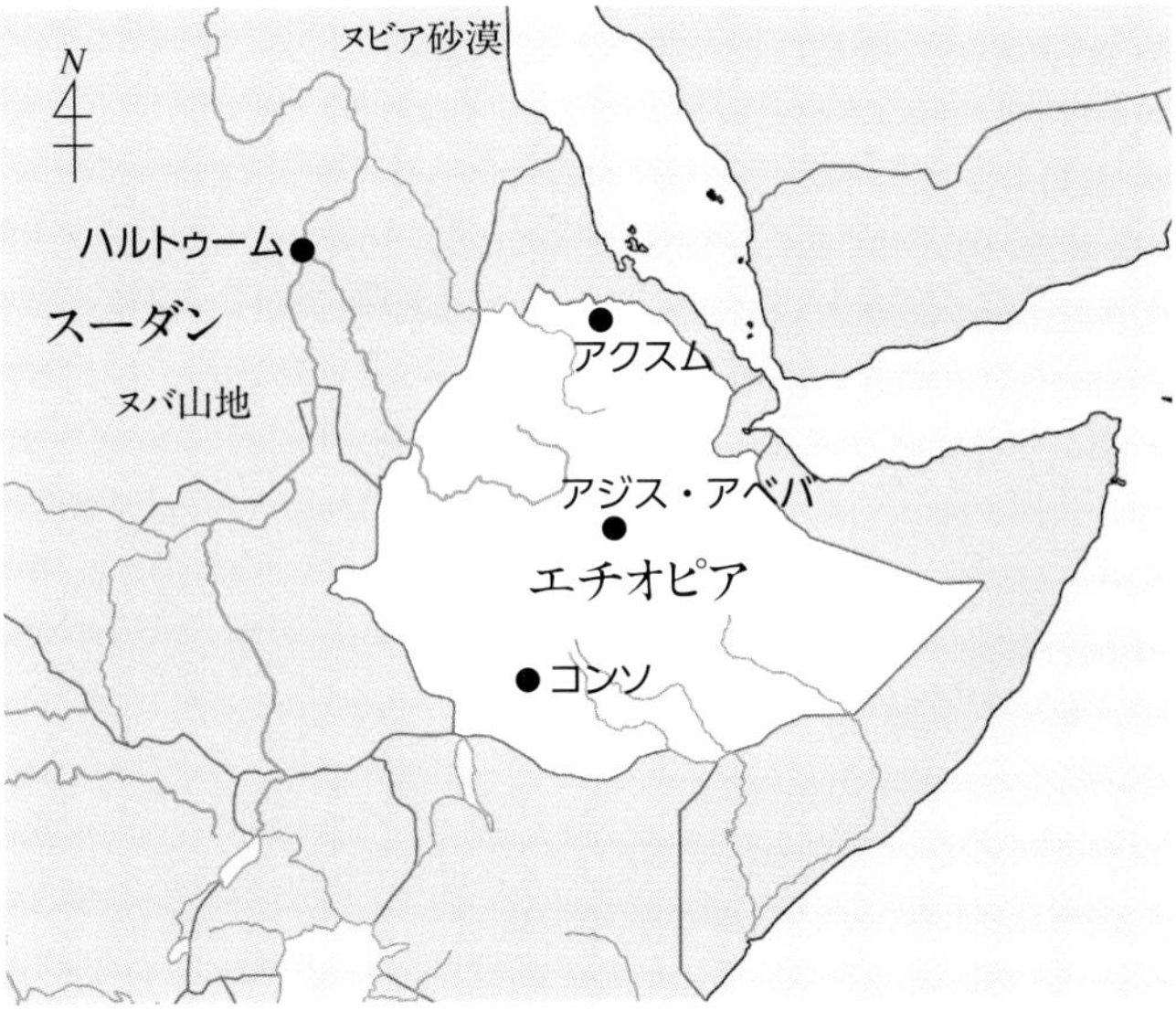

図1　1991 年当時のエチオピアは西洋梨のような形をした国であった。その後北部のエリトリアが分離独立したので形が変わる。

それから九年の間それぞれの調査期間は異なるが六回、エチオピアのコンソ社会の文化の調査をおこなった。最後にコンソ社会を訪れたのは一九九八年の夏であったが、それ以降は訪れる機会はあったが行く決心がつ

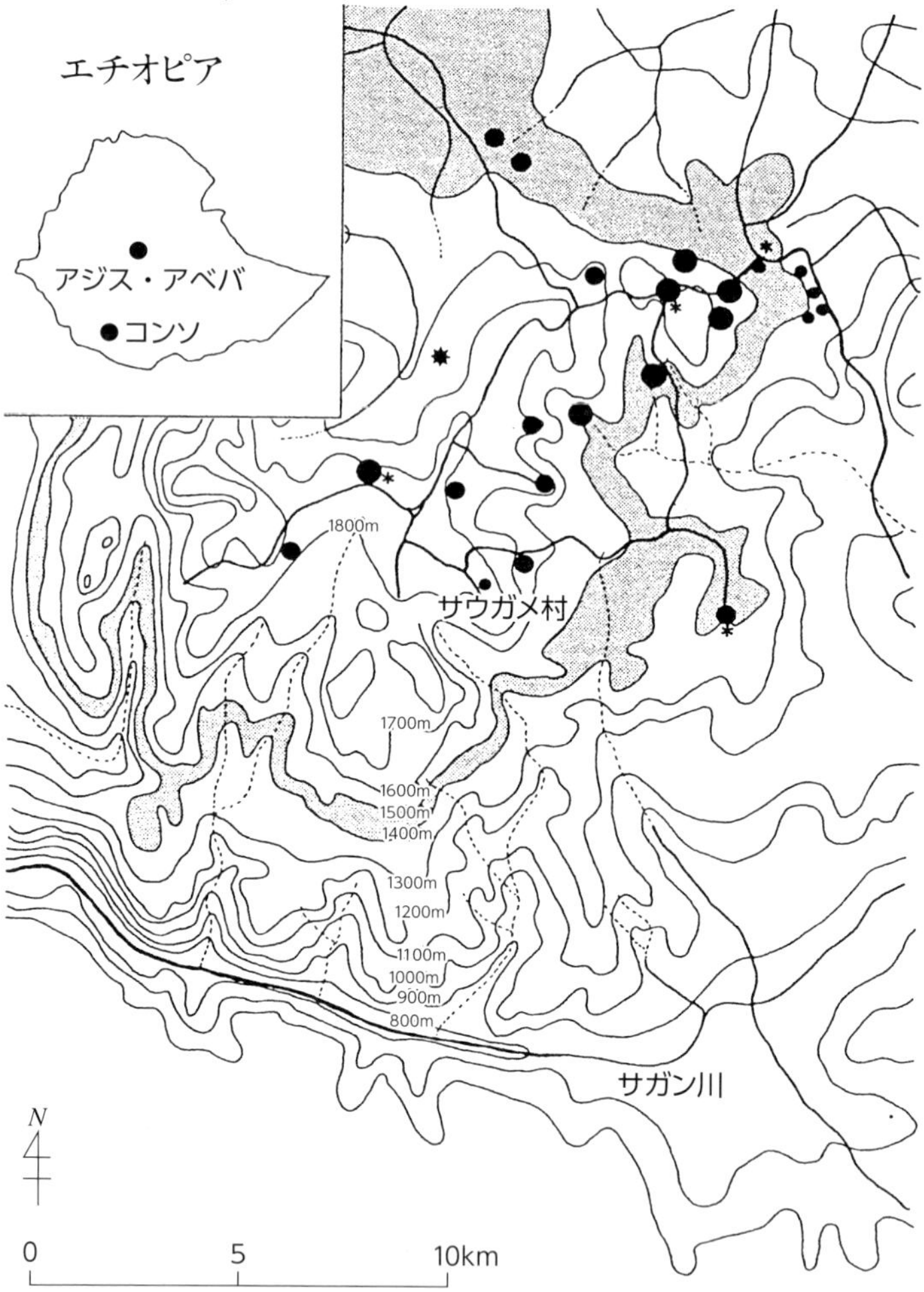

(黒丸はコンソの村で、大小は村の相対的大きさ。
＊はマーケットの開かれる村)

図2 コンソの34の村の大半が標高1500メートル以上の山上にある。サウガメ村は南部にあってサガン川まで細長い長方形がテリトリーである。

かないまま二〇年が過ぎた。二度目にエチオピアを訪れた一九九一年に、メンギスト社会主義独裁政権が現政権につながるＥＰＲＤＦ（ティグレ族を中心とした反メンギスト勢力）によって倒されて首都アジス・アベバは戦闘で破壊された戦車が放置され夜間外出禁止令が出されていた。メンギスト政権を倒したゲリラ側の機関銃を手にした兵士が町の要所要所に配置され、まだ不穏な社会情勢であった。ただ、この兵士たちは少年兵も多く混じっていたが振る舞いは革命兵士として訓練された秩序のある軍人として好感のもてるものであった。前年度、予備調査をしていたダナキル砂漠に生きるラクダ遊牧民・アファールの住む地域はもはや戦闘地域になっていて入っていくこと自体が危険であった。ＥＰＲＤＦとアファール解放戦線（ＡＬＦ）との関係が悪化し両者による戦闘が始まっていたのである。エチオピアの遊牧民と北ケニアの遊牧民の比較研究や遊牧民の商業網ネットワーク研究を意図した調査隊の一員としてエチオピアに入ったのであるが、当初意図した地域での調査は政治的な混乱のため断念せざるを得なかった。この調査隊の隊長は当時筑波大学教授の佐藤俊さんであったが、彼とは学生の頃から志を同じくする親しい友人であった。その志とは、自然に埋没して生きる人びとの生活や文化を生態学的な観点から調査することであった[2]。

政治的混乱に伴い戦闘地域のアファールには入ることができなくなったので、その代替地域を探すことになった。その当時では未知の文化研究を志す人類学者しか行く人はほとんどなかったエチオピア南部のジンカ地域でアリという農耕民を研究していた重田眞義さんがその時別の調査隊でアジス・アベバにきていた。アフリカ乾燥地帯の遊牧民研究とくに世界最悪の環境といわれるダナキル砂漠のアファールの調査には、人間の自然環境への生態的な適応がどのようなものか知ることができる可能性があり魅力的であったので断念するのは悔しかった記憶がある。しかし、エチオピア南部の諸民族の文化や社会について詳しい重田さんの勧めですぐれた工芸的技術をもつ有畜農耕民コンソの人びととつきあうことになったのはある意味で幸運であった。というのは、ヨーロッパの近代化の影響がなく（というよりヨーロッパの帝国主義や植民地主義の影響がなくといったほうがいい）、自生的かつ内発的な農耕社会であって衣食住の基本である土器や織物もすべて自分たちで作る社会であれば、階層の発生やその機序を目の当たりにすることができる可能性があるからである。彼らの村と家屋がまた独特なものであり、まわりには似たものがないので農耕生活の基本的な文化はすべて自生的なものと考える他はない。外部社会と交渉が少なく本来的な意味で自給自足的な社会など存在しないと当時でさえ思われ始めていたのであるが、コンソ社会はまさに真の意味で自給自足的な社会であった。そのように直感的に思ったが故に、もし仮に狩猟採集社会から農耕社会が発生してそれが自生的に発達すればコンソ社会のような様相を呈しているに違いないと思った。この思いは現在でも否定できないと思っている。先史考古学とエスノロジーの協業によるエスノ・アーキオロジーの対象となる場はないものかと当時考えていた。コンソ社会はその期待に見事に応えてくれる魅力的な文化や技術をもった有畜農耕民社会であった。エスノ・アーキオロジーの観点からは、コンソ社会は発達した新石器時代の農耕社会を保持しているのではないかと期待したのである。

私たちの世代（一九四五年生まれで現在七〇代）にとって異文化研究のひとつの野望は、その社会をトータルに表現するエスノグラフィー（民族誌）を描いてみたいということであった。同時に、ひとつの社会のエスノグラフィーから個別の文化を超えた人類（誌）史のなかの問題群に対して普遍的な問題を提起できる理論や仮説を提唱することも秘かにもつ野望であった。フィールドワークによって社会や文化あるいは自然を知ることを志したものにとっては、エスノグラフィーを描くこととそこから何らかの理論を構築することは暗黙の約束事である。

本書は、エチオピア南部の有畜農耕民コンソ社会のエスノグラフィーとこの社会の観察から得られた階層性発生に関する理論的考察を目指したものである。

第1章「山の上に住む、ほろ酔いの人びと」は、コンソ社会という異文化に最初に出会ったときの驚きと衝撃をエッセーとしてまとめたものである。グレートリフトバレーのなかにできた小山塊の山の上に密集して住むコンソの人びとの主食が醸造ビールであった。ヒョウタンの容器で昼と夕方の二回醸造ビールを飲む。男も女も老人たちも、小さな子どもでさえも飲む。人びとは醸造ビールを造った家にやってきて鈴なりになって食事する。ほろ酔いの人びとが喧噪の中で食事をしている。いったいどういう社会なのだろうか。

第2章「畑の中の墓標」は、調査中に出くわした葬儀を通じてコンソ社会における死者への儀礼を叙述している。当該文化や社会を生態学的観点から生活を中心に描くことが生態人類学の方法であるが、通常の人類学では儀礼や祭りなど非日常的な行為に当該社会の本質的なものが表出すると考える。たまたま出くわしたコンソの葬儀によって特異な彼らの死生観を知ることができた。コンソの人びとは醒めた唯物論者ではないかと思わせた。

第3章の「不毛の大地を耕し段々畑を作る」は、山の上に稠密な家々の円形集落が三四あるコンソ社会の生活と生業をエスノグラフィックに叙述したものである。コンソの農業は、山上の集落から山麓まで円錐状に広がる山腹に徹底して開発したストーン・テラシングの畑にモロコシ、小麦、トウモロコシなど三四種類の作物を混植して栽培する。山麓の敵対する遊牧民ボラナとの境界では、乾期には酷熱となり五〇度を超すが、ここで年長の子どもたちによるヤギ・ヒツジの遊牧が行われる。何もかもが我々の世界と反対の世界なのだが、農耕のありようもおよそ信じられないものなのである。

第4章の論考「屋根の上の土器」はコンソ社会の調査で発見された土器の象徴的な使用について論じている。コンソ社会は北側に別の農耕民、東西と南の地域はそれぞれ民族を異にする遊牧民がいて、それぞれの地域をテリトリーとしている。とくに遊牧民とコンソの関係は敵対的な関係であり、私が調査していた時点では南側の遊牧民ボラナとはとくに対立が激しかった。農耕民コンソが遊牧民ボラナとの境界地域に農地を拡大し、それをみつけたボラナが畑を焼き払うことがしばしばあった。農耕民コンソは四方を別の民族がテリトリーとしていたため、彼らのテリトリーは一定の面積内に限られており、そのなかに住むことになっていた。そのため人口増加による余剰人口とくに長男以外の次三男はわずかな農耕地しかもてず、コンソ外に出て行くケースがしばしばみられた。リフトバレー内の小山塊は玄武岩で構成されていて、農耕地としては不適なのであるが、こうしたテリトリー内の不毛な地を徹底的に段々畑に開発してきた。この威信財としての「屋根の上の土器」は、コンソ社会をエスノ・アーキオロジーの観点から観察してみたいと思ったキッカケである。

第5章「土器と市場の生態学」は、コンソの社会は農民エダンダとハウダという二つの階層からなるが、ハウダの主要な生業である土器作りに焦点をあてて、土器をめぐる階層と市場について論じている。コンソの外部がその社会から地理的に離れていれば交換は交易を通じて行うことになる。しかし交換のための地理的な外部は敵対する遊牧民であり存在しないに等しい。そこで交換のために内部に外部が創られることになり、それがやがて階層化して二つの社会集団になることを述べている。そしてその交換のためにコンソの内部に市場を創らなくてはならない。そしてこのことは同時に行わなければ成り立たないことを論じている。

内部に外部を創り階層性を発生させ、同時にそれは市場を創ることによって商品の交換を成立させるのであるが、その交換の商品となるのが日常生活で不可欠な調理具としての土器である。コンソ社会のエダンダとハウダの関係性のなかで、土器の需給関係に焦点をあてて生態学的な視点から論じてみたのがこの章である。

第6章「土器と織物の村」はコンソ社会に調査に行かなくなって二〇年が経過したが、最近このコンソ社会の調査からどんな普遍的な問題が提起できるか考えていた。当初から関心のあったエスノ・アーキオロジーの問題として、「土器と織物の村」と題して階層の発生とその機序に関する仮説を提唱してみたのが第6章である。この問題意識は第5章の論考を書いたときから芽生えていたものである。私が最初にアフリカの大地に足を踏み入

調査で最初に下宿したガイヤナの異母弟オルカイドー。隣の家の息子バシュラといつも一緒に私にひっついていた。バシュラが撮ったオルカイドーと私。

れたのは一九九〇年であることは最初に記したが、その時には既に伊谷純一郎の画期的な論文「人間平等起源論」が世に出ていた。[3] この論考はそれまでの伊谷純一郎の門下生による生態人類学的な調査を根拠として人間の社会進化の初期の段階を論じたものである。伊谷が提唱した仮説は、「余剰な物に対する畏れ」が不平等な社会への移行を阻止しているということなのだが、その例証として挙げているのが掛谷誠の論考「トングウェ族の生活維持機構――生活環境・生業・食生活」[4] などである。伊谷や掛谷の描いた社会の今少し先の人類史を描いてみたいというのがこの第6章である。第6章では、狩猟採集を伴う焼畑農耕社会ではなく、真に農業・牧畜だけに依存する農耕社会のなかの平等と不平等がどのようなものなのかというテーマを主題としている。

注

(1) ここでいう友人とはエチオピア南部のジンカ地域でエンセーテ栽培で有名なアリの人びとの人類学的調査を長年続けている京都大学アジア・アフリカ地域研究研究科教授の重田眞義さんのことである。本書の第6章の草稿を書いたのは三年前であった。草稿を読んでもらうため調査中の彼にメールで草稿を送った。エチオピアのアリの調査中であったが、丁寧に読んでくれた。近年のエチオピアの変貌や急速に進む近代化については彼のメールの最初の文が次のように始まっていることでもよくわかる。

「アルバミンチに来ています。道路がすばらしく整備され、流れた橋が渡れずに何時間も川岸で待たされた頃が夢のようです。アジス・アベバを朝10時に出て、夕方4時にはここにつくことができます」(二〇一五年九月四日付けのメールの一部)

私がコンソの調査を始めたころは、アジス・アベバから少なくとも一泊二日でアルバミンチにたどり着くということであった。また道路はたいへんな悪路でおまけにメンギスト社会主義独裁政権が倒れた後であったので、その敗残兵やシフタ（反政府的ゲリラ、山賊も混じる）が強盗のため悪路に出没するという状態であった。

近年のエチオピアは経済成長が著しく、年一〇%前後の経済成長率を誇っている。その様子が二〇一八年七月二九日の朝日新聞の朝刊に「急成長の裏　中国式援助」と題して詳しくでている。この記事はアフリカや南米などへの中国式援助の実態がテーマであるが、エチオピアは中国式援助の成功例のような扱いであり、その変貌ぶりが目に浮かぶ。

（2）伊谷純一郎「赤道アフリカの自然主義者たち」『季刊民族学』13号、一九八〇年
佐藤俊『レンディーレ——北ケニアのラクダ遊牧民』弘文堂、一九九二年
伊谷のこの論考でアフリカの自然に強く依存して生活する人びとが二つの類型に分けられるのではないかという仮説が提唱された。
佐藤俊は北ケニアのラクダ遊牧民の生態人類学的調査研究を持続的に続けてきた私の古くからの友人である。ラクダ遊牧民レンディーレについての多くの論考があるが、レンディーレの自然・社会・文化全般がよくわかるものとしてひとつだけ参考文献を挙げておきたい。

（3）伊谷純一郎「人間平等起源論」伊谷純一郎・田中二郎共編『自然社会の人類学——アフリカに生きる』アカデミア出版、一九八六年（後に著作集に収められる。伊谷純一郎著作集・第三巻『霊長類の社会構造と進化』平凡社、二〇〇八年）

（4）掛谷誠「トングウェ族の生活維持機構——生活環境・生業・食生活」『季刊人類学』5（3）、一九七四年

第1章

山の上に住む、ほろ酔いの人びと

サウガメ村のある家の醸造ビール・チャガによるお昼ご飯の光景。サウガメ村では毎日こうした光景がお昼ご飯と夕ご飯でみられる。ビールは大量に造り、早く消費しなければならないためコンソの食事は集団でとることになる。密集して住むのも密集して食事するのもコンソが選択してきた文化なのである。

エチオピア南部、山の上に密集して暮らすコンソの村。ひじょうにケチなかれらの主食はビール。アルコールと吝嗇をめぐる人間社会のひとつの極相と筆者。

1……コンソに出会う

読みづらい自分のフィールドノートの余白にときどき断章のようなものが書きつけてあるところがある。それは詩のような形式を採っている場合もあるし、ある現象に遭遇してその感想を書いているときもある。その種のものはたいていあとになって読んでみると気恥ずかしいものがおおい。しかしなかにそれを読むと、その土地に住んでいた自分を鮮やかに思いださせるものもときにある。ぼくが二度目のエチオピア南部コンソ社会の調査を終えるころ書いたと思われる断章は、コンソというある意味でとんでもない社会をよく表現している。それはこんなふうに書かれている。「ヤギもヒツジもウシも人も山の頂上に住んでいる。円い石の壁が村をとり囲んでいる。男も女も家畜のエサと食物を担いで夕べに山へ登る。朝になるとイモとマメを煮て、コーヒーの葉の飲料ホラを飲む。そして男も女も昼飯の濁酒を担いで山を降りる。子どもはふたつのヒョウタンを担いで水を汲みにいく。ふたたび夕べになると段々畑の山道を登り濁酒の夕食をとる。山の頂上ではヤギもヒツジもウシも糞をする。だから男も女もそれを集めて山を降り畑にもっていく。こうしてまたエサと食物ができ男も女もふたたび山を登る。円い石の村の上に月がでた。寝静まった村のなかでぼくだけが起きて月をみていた」

　このときぼくは夜遅く小屋をでて月をみながら、エチオピアの南の小山塊の上に住むコンソの人びとと居住をともにしている不思議さを考えていた。それにしてもコンソという妙な人びとと巡りあったものだと。最後の二節はぼくのかなり安っぽい感傷だから公表はしたくなかったが、そういう独りよがりの感傷もまた調査における事実だからいたしかたない。この部分を除くとコンソの人たちの毎日の生活を簡潔に描写していると思う。

　この断章を書いたときぼくの好きな詩人、茨木《いばらぎ》のり子の「六月」という詩が脳裏をかすめたことを覚えている。その詩の一節は「どこかに美しい村はないか／一日の仕事の終わりには一杯の黒麦酒／鍬をたてかけ　籠を置き／男も女も大きなジョッキをかたむける」というものだが、どうだろうかなりコンソの生活はこれに近いのではないかと。だがそれはかすめただけでぼくはすぐ打ち消した。

　ある意味で茨木のり子が、日本の敗戦後の混沌のなかでほんのわずかだが「ありうるかもしれない」また「あ

コンソの34の村のうちおそらく最大だと思われる500戸以上のブソ村。

りえてほしい」と願った社会は本当にあった。しかしどこかちがう。このちがいはコンソのビールが黒ビールほど透明度が高くないとか、コンソがビールをヒョウタンで飲みジョッキではないとかいう表面的なことではない。コンソの村むらは美しい景観の村である。人びとは働き者である。労働のあとは主食のチャガという醸造ビールを飲む。

茨木のり子の詩は農耕という労働の自然性と、男と女の平等性を格調高く詠いあげている。それよりも、もしこの美しい村が存在しているとしたらそこに住む人びとは心やさしく、寛容で、利他的で、あっさりしていなければならない。そうであることはこの詩の暗黙の前提だろう。ところがやはり現実はきびしい。この美しいコンソの村は「六月」の村とはまるで反対であった。何もむつかしいことではない。ぼくがいた村は吝嗇《りんしょく》、猜疑心、嫉妬、告げ口、利己的、執着という負のイメージの強い言葉で形容するとピッタリだった。さらに男も女も子どももヒョウタンをかたむけたあとは、ほろ酔いなのだから喧嘩が絶えない。「六月」の人びとが毎日ほろ酔いだとすれば、茨木のり子はそれほど憧憬しなかっただろう。

2……山の頂上にある超過密空間

美しい村の調査はぼくにとって難行苦行の連続であった。この難行苦行のあいだにぼくはケチや猜疑についてしばしば瞑想して考えこんだものだ。ぼくはコンソで出会った数かずのケチについて『マリノフスキーの日記』ではないけれど、かなり具体的に悪口のようにぼくの妻と二人の息子に手紙を書き送った。ぼくは

サウガメ村のある日の食事風景。食事する場所はその日に醸造ビールができている家なので、毎日変わる。

ランプの下で夜遅く人びとが寝静まってから、昼間起きた不快な出来事や呆然としてしまったことをこまごまと書きつづって送った。それはあまりに字がこまかいのと日本的現実とはことなる些細なことの描写だったから、ぼくが帰国して聞いてみるとほとんど読んでないことがわかった。手紙やフィールドノートの端に書かれている、ぼくが悩まされたコンソのケチについて書いてみようと思う。

コンソというエスニック・グループは、エチオピアの首都アジス・アベバから六〇〇キロ南の小山塊に住んでいる。標高一五〇〇メートルから一八〇〇メートルの山の頂上に要塞のように石で村を囲んでいる。コンソは言語学的には東クシ系に属し、かれらの回りに住む遊牧民ボラナやグジなどと近い関係にある。人口ははっきりとはわからないけど一〇万人以上はいると思われる。

コンソは三四の村からなっているが、その大半は前に述べたように山の頂上におそろしく密集した村をつ

緩斜面のストーン・テラシング。どこを掘っても玄武岩がでてくるので、これを使って石垣を作る。

サウガメ村の門。村は2重の石塁で囲まれている。

一軒の家はオヒンダと呼ばれる木柵で囲まれている。

私が下宿していた家のミダの木の上から隣の家を撮ったもの。隣の家のおばあさんの鼾まで聞こえるぐらい家は密集している。家のまわりの樹木はシャラギッタ（葉菜ミダ）。

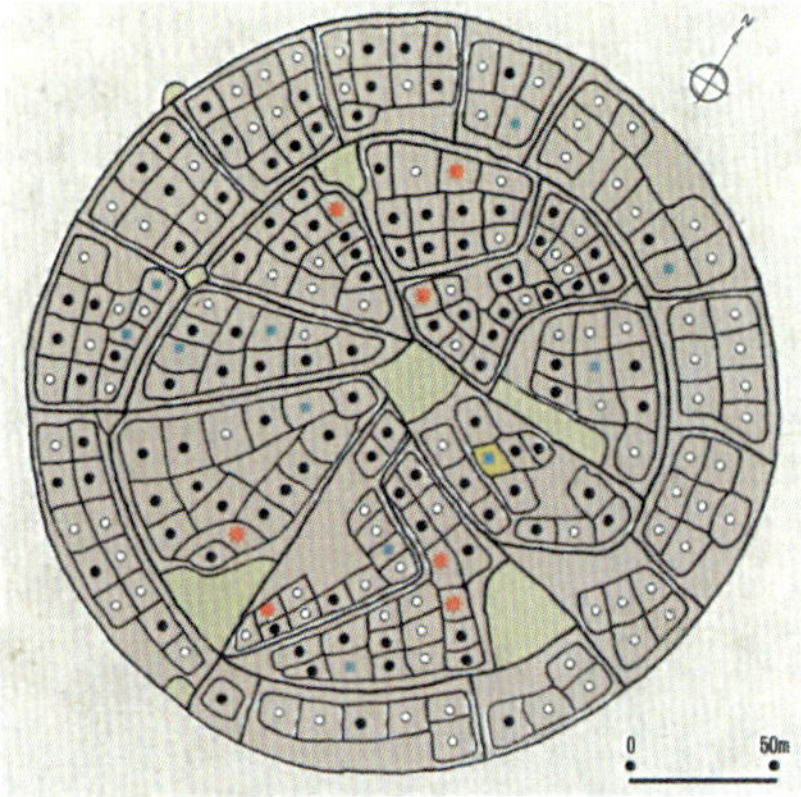

図1-1

長男の家と次男以下の家を示すサウガメ村集落図。黒丸は長男の家、白丸は次男以下の家、四角は第二夫人以下の家である。星印はクランの中の高い位にある家で、屋根の上に装飾土器が載る。

図1-2　サウガメ村の一軒の家の模式図。上段は居住空間で左からアレーダとマナ、下段は家畜や農耕の空間で左からコサとラーガと呼ばれる。

図1-1のサウガメの集落図をみればわかるように家が密集している。家をつなぐ村の道は迷路のようである。村の道の両側は木柵（オヒンダ）に挟まれている。

くる。大きな村では五〇〇戸以上はあると思われるが、山の頂上の石で囲まれた集落の一戸一戸は、これがまたおそろしく小さい。もし空中から村をみることができたら、それは蜂の巣のようになっていると思う。

人がかくも密集して住まねばならない理由は、かつて村同士が熾烈な戦いをしていた時代があったからである。自分たちを防衛するもっとも適した形態がこれであったといい伝えられている。このことをのちに、アジス・アベバであった霊長類学者の河合雅雄さんに話したら「おもしろいじゃないか、人間の集団がそれほど密集するのは。自然性の対極にあるというか、生態学的にありえそうにないことが人間には起こるから」と興味深そうにぼくの話を聞いていた。話としてはおもしろいけど、こんなに密集した村じゃ苦労することはおおい。結構、ぼく自身が歳をくっているから厚かましくなっていることも、ここじゃ幸いした。毎日のウンコとオシッコは要塞の外のブッシュでするが、何千という人が毎日そこでするとどうなるか想像できるだろうか。つまり野糞の時間的空間的堆積が。

サウガメ村にどのように住み込むようになったのか。アジス・アベバを出発してコンソに向かう前にアジス・アベバ大学出身でコンソに近いアルバミンチで仕事をしているタダッセ・ウォールデという人類学者に大学から紹介状をもらっていた。彼はコンソ語も多少わかるし、この辺の地理にも詳しかった。一九九一年一〇月にはじめてコンソをタダッセ・ウォールデと訪問したとき、三四の村をすべて回ってみて、これから数ヵ月住みこめそうな村を捜してみた。マチェロとかブソという五〇〇戸はあると思われる村では、石垣の要塞のなかは、はいったら二度とでてこられそうにない迷路と、湧きでるかと思われるほどの人の群れに呆然としてしまった。とにかく小さな村を捜すことだ、ほかのことは贅沢をいえないといって遭遇したのが、ぼくの住んだサウガメという村であった。それでものちほど村の地図を描き、人口を推定してみると、直径約二六〇メートルの円形の集落に二二六戸、人口約一三〇〇人がところせましとひしめいていた。どのくらいせまいかというと一軒のコンパウンド（敷地）はほぼ方形であり、隣りあう家同士は木柵を共有していて、一辺は一三～一五メートルの長さである。このなかに人の住む建物がふたつくらい、穀物貯蔵のための小屋がふたつくらいあり、平均七人の拡大家族（直系の二世代以上の夫婦を含む家族）と舎飼いのコブウシ、ヤギ、ヒツジがそれぞれ二頭ぐらいいて、ニワトリが四～五羽、さらにハチミツを採る蜜胴がコーヒーの木にかけてある。

そしてこれらに加えて、食事時の他人の訪問というのがかならずといっていいほどあるから、夜以外には一人にはなれない。いや夜だって、隣りのバアサンの鼾《いびき》ははっきり聞こえる。前の家では母親が夜中、甲高い声で子どもを叱る。それがあまり長くつづくのでぼくが居候していた家の夫婦ガラソーとダッピテが小屋からでてきて、前の家の女をなだめる。しかし向こうの家にいく必要はない。フェンス越しに話しかければいい。月夜なんか、ぼくも間借りしている小屋からでてダッピテに話しかける。「どうしたんだい、前の家は」とぼくが聞くと、ダッピテは「いつものことよ、また子どもが働かないといっておこっているのさ」とこんな感じの答えがかえってくる。

垂れ尻ヒツジとの孤独な戦い

舎飼いされているコブウシはせまい高床式の貯蔵小屋の下に押しこめられて身動きできない。ヤギとヒツジはテーバという棒で、前足と後ろ足を斜交《はすか》いにしばり、ヨタヨタとしか動けなくして贅肉が異様についたものに仕上げる。ぼくのところには村一番の太った見事なヒツジがいた。歳もとっていた。これが月夜にはヨタヨタとテーバを引きずりカタカタ音をさせて歩くのだ。そしてシャーと威勢のいい小便をする。日中、家人はほとんどいないコンパウンドで腹が減るのか小屋の入口を木の容器で塞いでいるにもかかわらず、それをどけてはいって人間の残りものを頂戴することもある。コンパウンドの入口は日中は棒をいくつか積み、ヒツジがでないようにしておくが、テーバをつけたまま突進してそれをはずし、外に採食にいくこともある。こんなヒツジをみかけたら家人でなくても、まずは異様に肉のついた座布団のような尻か垂れさがったわき腹にキックボクシングのようなケリをいれる。

月の晩、ぼくは小便をしに小屋をでる。しかしコンパウンドのなかである。これはサウガメの誰しもしていることで、ぼくだけが不潔なわけではないし、それには深い理由があるらしい。それはあとで述べるとして、そんなときこのヒツジとピタと目があってしまう。ヒツジは本当に鈍で、ヤギと比べると頭が悪いなという印象だけれども、このくらい歳をとっていて大きくなるとさすがに老獪さを身につける。ぼくをグッとにらみ、小便をしていると角で突きにくる。ぼくは反射的に尻にケリをいれるのだ。ぼくは月夜の晩、この

下宿先ガイヤナ家の舎飼いされた老獪なヒツジ。私の小屋に動静を伺いにくる。

朝、土器の欠片を使ってコーヒーの葉を煎る。この葉で塩入コーヒー・ホラを作る。

ホラとダマ（ミダの葉入りモロコシ団子）の朝食。珍しくアルミ鍋を使っているが普通は土器鍋である。

朝食の準備をする３回目以降の調査の下宿先のダッピテ。彼女はやさしく親切な人であった。

ヒツジと孤独な戦いを何度したことか。

一ヵ月も経ってからであろうか。毎日何をやり何を食べるのか要領がわかってきたころである。サウガメの朝は女たちのつく杵の音で始まる。朝食のホラとダマを作っているのだが、コンソは働き者だから、これがやけに早くからトントンとやりだすのだ。標高一八八〇メートルの山の頂上だから、朝は結構冷えこむ。みんな綿のハルバ（長方形の一枚布を三枚縫ったもの）で体を包み、小屋の炉の回りでホラをすする。子どもは炉のいちばん前に座っている。ホラだけは誰のところにいって飲んでもタダである。しかし彼らは、ぼくがそのことをまだ知らないと思って、薬をあげたお礼にホラを飲みにこいという。村びと同士ホラだけはタダで飲みあっているのはすぐわかるのに。主食である醸造ビールのチャガを飲みにこいというのは、ぼくがかれらをポラロイドで写真を撮ってあげたときである。それもたまに。このころからウーン、この人たちの金銭感覚は鋭いぞ、と思い始めた。つまりケチさ加減というものがほのみえてきた。

午前一〇時からビールの日々

最初にコンソに滞在したときは一〇月から翌年の一月までだった。そのシーズンは収穫が終わって、人びとにとってもっとも楽しい季節つまり毎日醸造ビール、チャガが飲める日々だった。午前一〇時ごろ、どこかの家でチャガ飲みが始まる。チャガの醸造過程は面倒だから省略するが、二二六軒の家が自分の家族用にだけそれぞれビールを造るのではない。チャガは樹木の幹をくりぬいた巨大な容器に大量に造る。それをみんなが小銭をもって飲みにきたり買いにきたりする。チャガの醸造には一週間かかる。だからある家でチャガを造ると、できあがるまでの六日間は他の家に飲みにいく。二二六軒あるから、毎日どこかの家でチャガ

小麦を挽いて団子にする。これを蒸して穀芽のスターターで醸造ビールを造る。

チャガ造りのため、まず大量の粉を挽かねばならない。これが女たちにとっては重労働である。

団子を大きな槽《ふね》に並べて詰める。スターターは麦芽かトウモロコシの穀芽であり、槽についている自然酵母がアルコールを生成する。写真の槽で大きなヒョウタン容器約75人分のチャガができる。

ができている。その家はもう朝から小銭をもったサウガメじゅうの人びとが、ヒョウタンをもってドヤドヤとやってくる。ただでさえせまいコンパウンドはもう形容できないほど人が鈴なりになり、ワイワイガヤガヤとこのチャガを飲む。

ぼくは基本的にコンソとおなじ食事をするつもりできていた。いくら四輪駆動のジープのような車できているとはいえ、補給用の燃料や車の修理用の工具類もたくさん積んでいた。それに調査期間中に食事をつくることは面倒だった。エチオピア日本大使館の萩野医務官が哀れんでくれて、アジス・アベバ出発に際して、インスタント食品を少しわけてくれた。一週間に一回、マルちゃんの赤いきつねと緑のたぬきを食べるのがどれほどの楽しみであったか。あとは朝はホラとダマ、一〇時と夕方四時はチャガで過ごした。それでもお腹は減るのでよく市にでかけコブウシやヒツジの肉を買ってきて食べた。

ともかくサウガメにいるかぎり、このワイワイガヤガヤにはよくつきあってきた。エチオピアの通貨単位はブルである。一ブルは一〇〇セントだが、コインは数種しかない。コンソでは一〇セントのコインをサンディマ、二五セントのコインをスムナといっている。一九九一年当時一ドルが二ブルの固定交換レートであった。チャガはヒョウタン一杯がスムナである。一ブルで四杯ということになる。はじめのころ、少年やおとながチャガ飲みに誘いにきた。ぼくはコインがなく一ブルを払うのだが、おつりが返ってきたことがない。ぼくがそれを要求すると、もうそのときはすでに連れてきた連中かべつの誰かが、ぼくをみてニヤと笑いながらチャガを飲んでいるのだ。

ぼくが了解することなく、いつのまにか三杯分を無償で供与していた。じつはこの無償の三杯分でかれらのあいだで大きな葛藤がおこっていたことがやがてわかる。ぼくが三人の少年やおとなを連れていけば問題はない。かれらが三杯分のチャガを飲む。連れが一人のときは残りの二杯は誰の権利となるか、その場にいる人びとが考えるからである。鈴なりのなかでぼくのチャガを飲んだ奴は誰だろう。コンソは少年のころからしたたかさを身につけていく。

「トールのおごった酒は……」

コンソはチャガを食べものとして考えているから酒はべつの範疇に属する。酒はこのチャガを蒸留して造る。これをハラゲータといっている。二回のチャガ飲み以外に、夕方ハラゲータを造った家で酒飲みが始まる。もちろんタダじゃない。これは小さなコップ一杯がサンディマ・セッサつまり三〇セントだから、一ブルで三杯と一〇セントのおつりである。家で造るハラゲータはだいたい五合瓶で、一本半くらいである。これができたと聞きつけると、村の酒飲み連中がうれしそうにやってくる。ぼくもときどきつきあった。

あるとき一五人くらいの老人の飲み助がハラゲータを

トウモロコシの穀芽（モヤシ）を入れて 2、3 日発酵させ、できあがったチャガ。注文に応じてヒョウタン容器に注いでいる。

COLUMN

コンソの食事

サウガメの一日の食事はまず朝のホラとダマから始まる。コーヒーの葉を前日摘んで乾燥しておき、女たちは朝早くこれをたて杵と臼でついて、土器に水をいれ煮立てる。これに塩を少々いれたものをホラという。味は少しちがうけど、コーヒー豆からつくったコーヒーのようなものだ。ダマはモロコシ（ソルガム）の粉を団子にして、ワサビノキ科の樹木でコンソでミダとよぶ木の葉をいっしょにいれて煮たもの。ホラとダマが朝の食事だ。男たちは自分たちで機織りしたハルバ（七〇センチメートル×二〇〇センチメートルの反物）をまとって集落の中のモラや家の周囲に集まって食事ができあがるのを待っている。私はこのダマが苦手であったが、ホラはたいへんおいしい。さすがにコーヒーの原産国だけあってコーヒーの葉とはいえ煎り方がいいのであろう、たいへんうまい。ダマのかわりにクッルマ（ジャガイモ）、ティニッシャ（サツマイモ）をミダと一緒に煮たものの時もある。

午前一〇時ころになると朝仕事を終えた村人はどこかの家で造られたチャガ（醸造ビール）を飲みに行く。毎日二六軒の家のどこかの家がチャガ造りをしているので、そこへ昼ご飯を食べに行くことになる。チャガは醸造ビールなので自分の家用に少量造るというわけにはいかない。チャガの醸造には一週間ほどかかるがどの家で造っているか村人は知っていて、毎日少なくとも五軒程度の家でできあがるので、村人はヒョウタンの食器を片手に小銭をもって出かけていくのである。

チャガを造った家は、人が溢れかえっているが、あるとき数えてみたら三〇〇人は超える人が来ていた。家中鈴なりの人であり、これが日常的な食事風景とは信じられなかった。

畑仕事が山上の集落から遠い山麓だったりするとヒョウタンの容器にチャガを入れて山を下る。山麓のほうが温度が高いのでヒョウタンの口に草で栓をする。山麓の畑仕事に私も持って行って水筒の栓を開けたら発酵が進んで開けた途端すべてのチャガが吹き出してしまった。

夕方、畑仕事から帰ると畑のモロコシの稈や周辺からの野草などを採って家畜に餌をやる。それが終わると昼ご飯と同じようにチャガを造っている家に晩ご飯を食べにいくわけである。チャガはアルコール度五％程度であるが、彼らにはこれは食べ物であって、アルコール飲料とは思っていない。年寄りなどはチャガを蒸留したハラゲータという強い酒は夕ご飯が終わってからまた飲むのである。興に乗れば陸亀の甲羅を利用した五弦楽器ケハイタを弾き歌などが飛び出す。夜の八時にでもなればもう皆寝静まってしまう。

朝起きて、ある家の前で寝る時の姿のまま体をハルバで覆ってホラとダマができあがるのを待つ。

飲んでいた。これくらいならたまにおごってもいいかなと思い、一人二杯と考え三〇杯分九ブルをそのなかの有力者に差しだし、「ご老体たち、まあやってくれ、俺のおごりだ」と見栄をきっていった。有力な老人をはじめ数人の年寄りが喜色満面で「トール（ぼくは村でこのようによばれていた）、お前は偉い、そして強い奴だ」とかなんとかお世辞をいって、ぼくに寄ってきてぼくの体に唾を吐きかけた。忘れていた、かれらは最高の感謝をあらわすときは唾を吐きかけるのを。げに文化を理解することは忍耐が必要である。それぐらいまではよかった。

　さてその後の雰囲気がおかしい。何かいいあいを始めたのだ。どうも人数がぼくの目算とちがっていて一五人以上いるらしい。つまり一人二杯回らないらしいのだ。ぼくは誰か比較的若い人が遠慮して一杯にすればいいと思っていた。でもそれはコンソでは甘いのだ。さんざんいいあいをしてかれらが得た結論は、ぼくの思考の埒外《らちがい》であった。先ほどの老人が寄ってきて「トール、みんなに二杯だとお金が足らない。その分だしてくれないか」といったのだ。ぼくはしばらく考えて「セデ・バッタ」つまり「これだけだ」と断固拒否した。老人は「リケイダ（わかった）」といって戻り、みんなと協議を再開した。これから議論が加熱していった。どうも意見は「トールはおれたちとおなじ年寄りだから、年寄りだけにおごってくれたのだ」というものと「いやトールはみんなにおごってくれたのだ」というものとにわかれているらしい。えい、面倒だ、もう二、三ブルだすかなと思っていたけどタイミングがむつかしい。どうも一杯半ずつということはないらしく、結局誰が一杯で済ますかということが問題で、老人は二杯ということで落ち着きそうであった。

　ところがこれからがまたたいへん。「おれは老人だ」「いやお前はまだ若い」と年齢の論争が始まってしまった。いつ果てるともしらない議論に業をにやし、ぼくは立ちかけた。するといままで黙っていたこの家の老人がすっくと立ち演説を始めた。ぼくはみんなを仲直りさせ納得のいく裁定をするのだとばかり思っていた。とんでもない、この老人は「トールはおれの家で酒をおごったのだ。だからおれが全部貰う」なんてことをいいだしたのだ。ぼくは、いかん、これ以上いるととんでもないことになると逃げだしたのだ。

数日後にサウガメの男たちが集まる村の集会があった。ツビツバという集会は村の聖なる広場モラでおこなわれる。件《くだん》の老人はこの集会で「トールのおごった酒は自分のもの」という論をぶったらしい。いやはやたいへんな人たちだ。どこかぼくと金銭感覚や所有感覚がずれているのだ。

3……水汲み値段の上がり方

ぼくが一九九一年にはじめてこの村をおとずれたときは、ガイヤナという男の世話になった。喧嘩っぱやくて陽気という第一印象であった。かれは三人の妻をもち、子どもは一二人であった。かれはぼくのため、村のまんなかにある第二夫人を住まわせている小屋のひとつをぼくに提供した。ガイヤナはものすごいケチな男だということがやがてわかるのだが、はじめの二ヵ月ほどはなにごともなくすんだ。ガイヤナは、村のたった一人の大工でもある。死者がでるとかれはチョウナで棺桶をつくる。三人の妻は働き者である。特に第二夫人のガダイヤは体も大きく力もちで、まるで肝っ玉かあちゃんであった。

村は山の上にあり涼しく快適なのはいいが、問題は水である。家族に未婚の女の子がおれば、彼女たちは毎日ヒョウタンふたつをサガバとよばれる一種の背負子《しょいこ》に挟み、山を四〇分くだり、谷の湧水を汲みにいく。ガダイヤは子どもがまだ小さいので自分でいく。ぼくは自分の水を一週間に一度、二〇リットルのポリタンに確保していたが、これを難なくやってくれていたのはガダイヤであった。彼女と契約し、一回一ブルで水を汲んできてもらった。ガダイヤは畑でとれるものをよく市場にもっていき売っていたが、その売り上げは僅かなもので、市場で女たちの扱うお金は圧倒的に一ブル以下つまりコインの世界である。だからガダイヤにしてみればトールからはいるお金は魅力的であったようだ。

市場で手にいれたお金は誰が管理するのか一般的にはわからなかったが、すくなくともガダイヤは自分のものとしていた。トールからのお金も自分のものであった。ガダイヤは収入源の目標を市場からトールのほうに転換した。ぼくは一週間二〇リットルの水を朝の歯磨き、洗面、お茶、ときどきの料理などに使っていた。けれど水の消費量はだんだんおおくなっていった。というよりおおくさせられていった。ガダイヤははじめのうちは、ぼくが水がなくなったといってポリタンをもっていくと、ホイヨという感じで運んでくれた。しかしそのうち一週間も経たないうちにガダイヤのほうからやってきて、少々残っていてもそれを自分の

最初の下宿の大家ガイヤナの小さな息子たち。まだ1、2歳の子どもでもチャガを飲んでいるので、びっくりする。

ヒョウタンにさっさと移し、水を運んできてしまうのだ。ぼくはガダイヤの戦略にはまってしまった。一週間の水はやがて七日から六日になり、そして帰るころは気がついてみればジワジワと四日まで短縮させられた。ガダイヤは巧妙にぼくからお金をかすめ取っていった。

このお金をガイヤナは狙っていた。ガダイヤの長期的展望にたった利潤追求に対して、ガイヤナはいつも短期決戦で挑むのだが、たいていは失敗がおおく、ぼくも迷惑をいろいろこうむった。ガイヤナとガダイヤはときどき壮烈な夫婦喧嘩をしていたが、隣りの小屋でぼくが聞いているところでは、浮気とか子どもの養育上のこととかいったことではなく、いつもお金のことであった。

ともかく喧嘩してでもガダイヤからせしめたお金で、ガイヤナは遠く離れたコンソのべつの村にでかける。かれはデバナという村でハラゲータがマラッカ（小さなカップ）一杯スムナ（二五セント）だから、ここから酒を買おうという魂胆である。サウガメより一杯五セント安いという情報がはいったのだ。マラッカ一杯五セントの儲けである。どれだけ買ってくるつもりだろうか。

一ブル儲けるのに二〇杯売らなければならない。ぼくはときどきどこかの家でハラゲータができたと聞けば、空になったウイスキーのボトル一本をもって行って買い占めた。どうせ買い占めてもそれを聞きつけた連中が飲みにくるのだから構いやしない。値段も六ブ

出造り小屋のガダイヤと子どもたち。ガダイヤは二回目の調査のときの下宿先で、ガイヤナの第二夫人である。

ル（マラッカ二〇杯分）くらいだから、ガイヤナはかりに六ブル儲けようとしたら、マラッカ一二〇杯分買ってこなければならない。このときは彼は二、三日デバナから帰ってこなかった。行き帰りの歩く労働とデバナで買い集める労力とこの儲けは見合っているのか。かれの異母弟オルカイドーに聞くと、いつもデバナで相当飲んでくるらしい。六ブルの儲けはデバナで既にかなり失っているわけだ。

ガイヤナはデバナから、汚れたポリタンにいっぱいのハラゲータを買って、意気揚々と帰ってきた。さっそくかれは自分の家で即席の飲み屋を開いた。みんな飲みにくるのだけれども、みているとガイヤナ自身もいっしょに飲んでいる。かれの短期決戦の利潤追求も酔夢であった。ガイヤナは利潤を飲んでしまったが、市場による値段のわずかな差を利用した儲けのためなら、歩くことをまったく厭わないのは、ガイヤナにかぎらずコンソの一般的な印象である。

金利は一週間に一割が当たり前

ところでデバナの安い酒を買うためガイヤナは三〇ブルの資本を用意する必要がある。かれはそれをいつも人に借りていたらしい。ぼくも執ような借金の申し出に、断りきれずに資本を貸したことがある。一週間という約束であった。酒を仕入れて売って、ぼくに返す約束はすぐ破られた。一週間経っても返さないので、催促したがお金がないという。なにがなんでもなんとかしろと、まるで悪質なサラ金のごとき脅迫をかけたがいっこうにこたえなかった。そう、ぼくは催促だけサラ金方式を採るのではなく、全体をまねるべきであった。

数週間してガイヤナは渋々貸した三〇ブルを返したが、じつはかれはこのお金でチャッカリ儲けていたのだ。サウガメでは、一週間で借金の一割の金利をつけるのが常識であることを教えてくれたのは、先の異母弟オルカイドーであった。道理でぼくからお金を借りた奴が催促してもなかなか返さないはずであった。それにしても一週間で一割とはシャイロックでも驚くであろう。エチオピアの南の山のなかの、われわれの社会の対極にあるような一見等質的な社会だが、なかなかどうして悪質な高利貸しまでいそうである。

エチオピア南部にはさまざまなエスニック・グループがいて、どこでも市場はある。人びとは市場がたいへん好きで、市の日にはいつも人でごった返している。なかでもコンソは市が好きである。一週間のどの日でもコンソの村のどこかで市が開かれている。コンソの月曜日から日曜日は、すべて市の名前になって

土器をコラッタ（皮袋）に包んで市場に売りに行く。

いるくらいである。サウガメにいちばん近い市はファーシという村で、土曜日に市が開かれる。ウルマラ・ファーシといえばファーシの市の意味だが、同時に土曜日の意味でもある。市では最近は日用品など工業製品も少しでているが、なんといっても肉、穀物、野菜、民間薬、綿布、土器、食べもの、酒、ハチミツなどを中心にした、自分たちでもできるものばかりである。だから町があるわけでもない、村むらの生業が大きくことなるわけでもないコンソで、どうしてこんなに市が盛んなのか最初は不思議に思ってしまう。しかしガイヤナの行動でわかるように、人びとは少しでも安いものを捜すのが好きだし、何かを売って金銭を手にいれるのが好きなのである。そのために歩くのなんかなんのその。どの市も似たような商品が並ぶが、市によって値段や質が微妙にちがう。人びとはものの微細な差異を商品化し、売買を楽しんでいるようにみえる。

少しでも安く買い、高く売る

歩いて行って安いものを手にいれ、べつの人に売る。歩いてものを運べば、自分のところで売るより高く売る。だったらもっと遠くへ歩いて行って売ればものはより高くなるか。サウガメは土器作りの盛んなところである。歩いて五キロのウルマラ・ファーシで壺一個を二ブルで売る。一〇キロ離れたウルマラ・オンボッコでは三ブルである。そして二〇キロ離れた敵対する遊牧民ボラナの町のウルマラ・タルタッレでは、これが一個五ブルになる。なるほどコンソでは歩く距離は値段に組みこまれるという経済的原理が機能している。

ボラナの町へ行くにはサウガメの村から山道をくだる。でこぼこの石ころだらけの道を女や子どもは裸足で歩く。山道の両側は石で区画された段々畑である。畑を掘れば石が際限なくでてくる。この石で畑の側面を積みあげる。この技術はコンソの大きな特長で、近隣の農耕民にはこの技術はない。これがなんと一〇〇メートルくだってサガン川に至るまでえんえんとつづく。距離にして一〇キロである。ぼくが二度目に行ったときはモロコシ（ソルガム）の収穫期であった。野鳥が実をついばみにたくさん飛来していた。モロコシの畑に鳥追いの台をつくり、紐に石を挟み遠投する。結構大きな石がぼくが腕で投げる倍ほど飛んでいく。鳥に当たることはまずないが、かなり目標物近くに投げる。もうひとつは長い紐をふりまわし、音をだして鳥を脅かしていた。

川の近くに出作り小屋が本村とおなじように密集している。サガン川から向こう岸は遊牧民ボラナの領域である。コンソはボラナと敵対関係にあり、サガン川を挟んでコンソとボラナは紛争中であった。ボラナの家畜の略奪に対して、コンソは自衛を余儀なくさせられていた。襲撃に備え、サガン川をみおろす場所に見張り台をつくり、四六時中二人がボラナを監視していた。こんな状態であったが、コンソの女はやはり村で壺を焼き、それをコブウシの皮で五つ包み、頭に載せてボラナの領域をとおり、ボラナの町タルタッレに売りに行っていた。サガン川からさらに一〇キロである。壺だけでなく織物、野菜なども運んだ。タルタッレの町にはコンソが移り住んでいて、チャガ屋を開いている人もいる。コンソとボラナが緊張していても町は危険ではない。しかしさすがに極度に緊張しているときは女たちも売りにこない。そうすると需要と供給の経済的原理が見事に働いて、壺は一個七ブルまであがった。

コンソは農耕だけでなく牧畜もおこなう。そして石工、土器づくり、織物、鍛冶などの技術集団でもある。だからその技術ゆえに周辺のエスニック・グループのなかで必要な存在になっている。こうしたものを売り歩く専業のもの、つまり商人階層も出現している。商人としての才覚はもうこれ以上修行する必要のないことは、いままでの例でもおわかりであろう。

徹底的な自然の改変の上に成立

少し話はそれるが、コンソの自然に対する改変はすさまじく、なにか農耕社会のクライマックスをみる気がする。農耕という営為が、自然を破壊することによってしか成立しないことを、これほど如実に端的に示す例はない。極論すればコンソには管理された自然しかない。自然の再生産に依存するしかない燃料としての薪と家畜の飼料はどうするか。段々畑のなかに異様に太い樹木が残されている。その樹は枝を家畜の飼料や薪にするため伐採する。だから枝が輪生し、背丈が伸びず盆栽のようになる。木がすくないからコムギやモロコシの稈は重要な家畜の飼料である。

畑でできた植物体はすべて、人間と家畜の食糧として山の上に運ばれる。そして家畜の排出した糞や尿は堆肥として貯められ、山の上から畑に戻ってくる。現在の言葉でいえば有機農法である。コンソは農耕という技術に適した徹底した人工的な世界をつくっている。舎飼いされているコブウシやヒツジの糞は、食べ残された葉や稈といっしょに三日に一度くらいの割合で集められ、要塞の外のそれぞれ所有の決まっているクーファとよばれる堆肥をつくる石で囲われた穴にいれておかれる。それをまた畑にいれるのである。ぼくはこの有機農法が徹底的に自然を改変するなかで成立していることに注目したい。農耕が自然との共生などとは決していえない世界なのである。

畑のなかの樹木は有用なものだけが残されている。畑のなかだけではない、かれらの住むコンパウンドのなかの一木一草でさえ有用でないものはない。コンパウンドには普通、ミダとよぶ葉を食べるワサビノキ科の樹木数本と朝飲むホラ用のコーヒーの木数本がある。栽培植物では二種類のコンニャクの仲間が多い。雑草なんて全部ひっこぬかれてしまう。要塞内は道が迷路のようになっているが、図々しい奴は、自分の家の横の道の端にまで栽培植物を植えている。要塞は石垣でできているが、その石垣の上面のわずかな平坦部に土がたまっていればここにもものを植える奴がいるくらいだから、その農耕至上主義というのがわかろう。それともこれはかれらの吝嗇からきているのか。やはり話はいつもここに戻ってきてしまう。そうなってしまうのはこのかれらのケチがぼくの心の深層にまでかなりの痛撃を与えたからにちがいない。ぼくがコンパウンドでする小便は肥料になるからいいのだとかれらが考えているにちがいない。

4……狙われたガラス瓶

話の締めくくりもやはり吝嗇についてでなければならない。ぼくが下宿していた家の隣の男デュロとぼくとの吝嗇の駆け引きについて話そう。しかし不思議な魅力のある男であった。この男、ぼくのところに毎日のようにあらわれた。そしてぼくのもちものをそれとなく見渡し点検しているようであった。そのうちかれはぼくのもちものの毎日の観察から、毎日少しずつ減っていくものを発見したようだ。それはウイスキーの瓶である。ぼくはウイスキーを三本もって調査地にはいった。ぼくは毎日、夜になって足の爪と皮膚のあいだにはいるスナノミ捜しをしてからウイスキーを飲むのを楽しみにしていた。だから当然少しずつ減っていくわけである。

デュロは不思議にぼくが何か非常食を食べようと思うとあらわれた。追い返すこともあったが、気にせずに自分のしたいことをしていた。ぼくのもっている非常食、たとえばチョコレートにしろオイルサーディンにしろ、いっしょに食べさせてみるのだけれども、どうもうまくないらしい。二度と欲しいとはいわない。欲しいのは食べものではないらしいと気づいたのはだいぶあとである。かれらにとってはローカル・ビール、チャガこそ最高の食べものであり、ハチミツいりのチャガならもういうことはない。話だけ聞いている一〇〇キロ離れたアルバミンチの町に連れていってくれという連中は多いが、アルバミンチにはチャガはないぞといえば、大概の連中はつまらないところだとあきらめてしまう。

デュロはウイスキーは好きであった。ときどき「トール、ファランジ・ハラゲータ、ダーシュ（トール、外国の酒をくれ）」といった。しかしこれも真意は、早くウイスキーの量を減らし空にしたかったからのようだ。かれは自分の家で造ったハラゲータをぼくのウイスキーの瓶に入れたかった。だからいっしょに飲んで早く減らしていたのだ。コンソにとってガラス瓶はたいへん貴重なものである。ある日デュロはついに「お前が帰るときには、ニワトリを一羽やろう。だからシュッパ（瓶）をくれ」と本音をいった。ぼくはおもしろい男だし、こんな熱心にいってくるんだか

仕事を終えて畑のいらないモロコシの稈を舎飼いの家畜のためにもって帰る。

樹皮で編んだ投石器でモロコシを食べに来る鳥を追う。素手で投げる場合の２倍から３倍の距離を投げる。そして目標としたものに正確に投げる。

ら、「空になったら、やるよ」といった。こういった翌日から、日に二度はあらわれ自分のものになるはずの瓶を確認し、酒を飲みどんどん量を減らし、あっという間に作戦を完遂してしまった。かれは他の男が瓶に目をつけるのを恐れていた。いずれにせよぼくからうまく瓶をせしめたわけだ。というのはぼくが帰るころになると、かれは一〇キロ離れたサガン川の出作り小屋に行ったまま帰ってこなかったから、ぼくはニワトリ一羽を損したことになる。これが故意であったのかどうかわからないが、ニワトリをもらうことは帰るころもうあきらめていた。

はじめはニワトリ一羽はまちがいないと思っていたので、ウイスキーの瓶を渡したあともかれとは普通につきあっていた。それからもときどきぼくの小屋におとずれてはしばし時間を浪費していった。「トールとデュロはよく似ている」とか「トール、トーラはどういうことか知っているか、家族だよ」とかいって笑うんだけど、あまり上質とは思われない冗談をよく口にした。そのうちぼくが市場でコンソのナイフとか壺などを買ってきて置いているのを小屋でみつけた。そこで「トール、シルボータはいらないか」とたずねてきた。シルボータというのは一種の掘棒のようなもので、木の棒の先端をとがらせ、そこへ鉄製の長いシャベルをはめこんだものである。市場ではこの鉄製の先端部分だけ売っている。サウガメには一軒だけ鍛冶屋がいた。デュロはこの鍛冶屋にシルボータの先端をつくらせ、木の部分はおれがやってやるというのだ。このシルボータはコンソの男の道具として重要である。

シルボータをめぐる吝嗇の争い

コンソ社会では性による分業が非常にはっきりしている。酒造り、粉挽きは女とか、あたらしい畑づくりや機織りは男という具合である。あたらしい畑づくりはたいへんな仕事である。コンソの土地は少し掘ると石ばかりだから、でてきた石が大きければシルボータを梃子にして使う。コンソの農耕上不可欠な道具であり、市場での普通の値段で購入して実測しておこうと思った。市場で購入するのは骨が折れる。ぼくはウルマラ・ファーシでは有名で、ぼくの知らない連中がぼくを知っている。いけば「トール、トール」とうるさいし、ぼくが相場を知らないことをいいことに、はじめはみんなふっかけてくるのだ。不思議に同行しているサウガメの友人たちも横にいても口だししない。どうも当事者同士の直接的な交渉には、それが不当であることがわかっていても口をださないのが暗黙のルールらしい。

だから市場で相場でものを買うには、コンソの友だちに買ってきて貰うのがいちばんである。もっともシルボータみたいなものならいいけど、食べものだと買ってくることを頼んだ本人が途中でかなり食べることがある。というわけでシルボータはデュロの世話になることにした。デュロは相場が一二ブル程度であることを力説した。ほかの者に聞いてみるとそんなものだというので、ぼくは一二ブル渡した。デュロは自分で鍛冶屋に頼み、やがて柄をつけたシルボータをもってきた。

鍛冶屋はサウガメでは一軒だけだが、土器作りの家は二八軒ある。その人たちはハウダとよばれていて、エダンダとよばれる農民から差別されている。おそらくこの差別を利用してデュロは鍛冶屋と自分に有利な交渉をしたにちがいない。かれが鍛冶屋には一〇ブルでシルボータをつくらせたのがわかったのは、ある老婆が死んで、儀礼が執りおこなわれ、最後に死体を埋めるために墓掘りをしている最中《さいちゅう》であった。

人が死ぬと家族や村のなかの親戚が集まり、女たちは演技かと思われるほどの哀悼の、高く大きな泣き声を合唱する。夜静まりかえっていると、隣りの村の人が死んだときの哀悼の声さえ風に乗って聞こえてくる。

巨岩をシルボータ（掘棒）一本で動かし畑を作る下宿の大家ガイヤナ

これはさすがに哀切なものであった。

しかし家族、親族以外はアッケラカンとしたものである。墓掘りや葬儀の儀礼を進行させるのにチャガを用意したり、肉を用意したりしないとみんな働かない。特に老人が死んだときは、親族以外の村びとにはお祭りみたいなものである。

墓は各家族の特定の耕地に決まっていて、円形の石を配置してハウラとよぶ木の墓標を立てる。このハウラの下に深さ二メートルほどの方形の穴を掘る。ぼくは方形の穴を掘る作業を観察していた。鍛冶屋は墓掘りの一人であった。話題はトールがシルボータを購入したことにおよんだ。一人が「トールはいくらでシルボータを買ったのか」と聞くから「一二ブルだよ」と答えた。すると鍛冶屋は突然仕事をやめてぼくの前にきて、ものすごい形相で「おれはデュロから一〇ブルしか貰っていない」と怒りだした。つまりかれはデュロの注文がじつはトールの代理であったことをここで始めて知ったのである。もうこのころには、ぼくもコンソ流はかなりマスターしたからべつに驚きもせずに模様眺めを決めこんだ。なにせかれの主張は「おれは一〇ブルでは売らない、だから一〇ブルお前に返すからシルボータを返せ。さもなくばお前が二ブル払え」と、こういう訳のわからない論理なのだ。

ぼくはデュロと鍛冶屋の二者の問題だから、不満ならデュロから二ブル貰え、おれは知らんの一点張りだった。そこへデュロが偶然やってきてしまった。もう墓掘りはそっちのけで、居あわせた人たちが二派にわかれて論戦である。最終的には鍛冶屋はデュロに一〇ブル返し、デュロは一二ブルぼくに返し、ぼくがシルボータを鍛冶屋に返せという結論をもってきたが、それはぼくが拒絶した。結局、二人は派手な喧嘩をみんなの前でしたが、村の長が止めにはいりその場は治まったが、死者こそいい迷惑であった。

この喧嘩は長引いたようだった。デュロはやがてぼくのところにきて、おれは鍛冶屋に二ブル返したといった。そして「ところで、トール、あのシルボータの柄は二ブルだ、お前それを払え」ときたもんだ。いやー、コンソの好意というのは恐ろしいものだ。払わなければ、このデュロとえんえんとやりあわなければならない。しかも鍛冶屋に二ブル払ったのかどうかだって怪しい。もし鍛冶屋に確かめて払ってなければ、デュロと鍛冶屋の喧嘩は再燃する可能性だってある。デュロがぼくから二ブル儲けたのか四ブル儲けたのかわからないまま、結局ぼくは二ブルを支払ったのである。好意は金銭に替えられないという格言はここでは替えられると訂正する必要がある。

こんなこまかいことを二人《ふたり》の息子に手紙で書いていたが、それは読むはずもないのも当然であろう。しかしぼくはときどき頭にきながら、コンソのこの細部にいたる「金銭のやりとりや駆け引き」というものを楽しんでいたのかもしれない。

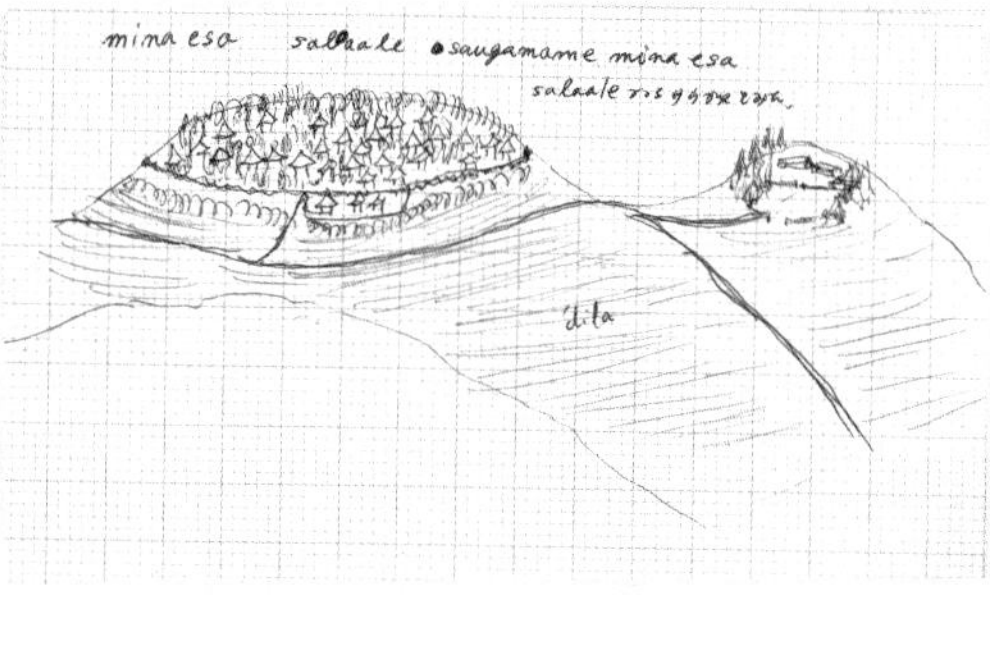
mina esa
sallaale
saugamame mina esa
salaale
'dila

第2章

畑の中の墓標

どんな家も自分の畑のなかに墓を建てる決まった畑がある。畑の二段を使って、上段が男の墓を建てる畑、下段が女の墓を建てる畑である。墓標をハウラというが、男の場合は三つの刻み目を入れ、女の場合は二つの刻み目を入れる。この墓標の下に2メートルほどの深さの穴を掘り、底の部分からさらに横に穴を空けそこに棺桶を入れる。

何もかもが我々の世界と反対のコンソの社会で、ある日葬式に出くわした。何もかもが反対だから葬儀やコンソの死生観にも我々と異なるものがあるにちがいない。コンソの人びとはひょっとすると徹底的な唯物論者かもしれない。

1……農耕民、コンソ

人は死ぬと土に還るということは、日本人の感覚にはきわめて自然なことだろう。それはぼくのような戦後生まれの無神論者としか言いようのない者でも、素直に受け入れることのできる言葉である。

もう一歩すすめて、死んだ肉体が畑に埋葬され、やがて土に還って栄養になり、子孫の食物として役立つなら、もう無神論者の至福の死ではないだろうか。そういう形で循環する輪廻転生なら受け入れることができる。どうせいつか死ななければならないのなら、そんなあり方だってあるのかなと思ったりする。

それは農耕という「生きる方法」を手に入れた人間の究極的な考え方でもある気がする。日本とはほど遠いエチオピアの山に住む人々の中で、ぼくは同じような感慨をもった。

彼らが耕す石の段々畑が山上の集落のまわりにそれは見事に展開するが、この畑の中に特定の畑があり、そこに彼らの祖先や親の棒切れの墓標がたたずんでいる。それが異様でもなく、ごく自然なものに思えたのは、ぼくが冒頭に述べたことを感じていたからだと思う。この人たちもまたぼくと同じように考えているのかなと思い、折々の機会に注意していた。

コンソのなかで大きな村といえばブソ村やドコト村である。これほどの村になるといったい何軒の家があるのか見当もつかない。少なくとも五〇〇軒はあるだろうけれど、この中に入ると、人が道や家から湧き出てくるように感じる。エチオピアの研究者はこれらの集落をタウンとさえ呼んでいるほどである。高度資本主義下の都市とは由来や形成過程も異なるコンソで、人がなぜかくも密集して住まなくてはならないのか、ヒト集団の多様なあり方にぼくは呆然としたものである。

もう一つコンソで驚いたのが、その集落とまわりの農耕地の景観である。コンソの住む小山塊の下にいる農耕民や遊牧民の土地は、程度の差はあっても、アカシア・ウッドランドの樹林が続き、その乾いた透明性に自然の尊厳を感じたものである。ところがこのコンソの小山塊に入ると、眼を疑う景観が現出する。頂上に石で囲った集落があり、そのまわりに同心円になった石の段々畑がはるかかなたまで続くのである。それは人がかくも自然に背いて人為というものを徹底して追求した姿なのだろうか。すぐれた石工の技術、土器作り、機織り、鍛冶技術と、コンソは周辺の社会と比べ群を抜く工芸を得意とする農耕社会である。しかし、農耕社会がこれほど自然性から遠いところまでくるのだろうか。

楽しそうな葬列

ぼくが初めてコンソにきて数日経ったときのことである。コンソの三四の村のどの村に住み込むかを決めるため、同行してくれたエチオピアの人類学者タダッセ・ウォールデと彼のコンソの友人であるクセ・グイッタと一緒に歩き回ることにした。タダッセ・ウォールデは一九九一年当時、エチオピア南部の町アルバミンチの行政府にいて、文化担当の仕事をしていた。結局ぼくはサウガメという、かなり奥の村だが二〇〇軒近くの小さな村に紹介され、そこで住むことになる。

タダッセもクセも帰り、一人で、実はとんでもない社会であるサウガメ村でのぼくの格闘が始まる。もうこの頃は集落形態の異様さやあきれるほどの段々畑は、これがコンソの当たり前の姿だと思うようになった。

タダッセとクセと歩き回っていた頃、コンソの中心地の空き地でテント生活をしていた。幹線道路を車でうろうろしていたある日、道路の向こう側から楽しそうな集団が歌や嬌声を発して踊りながらやってきた。手に槍を持ち、体や顔に白い化粧土をつけて、悲しみというよりむしろ喜びを表しているとしか思えない歌を歌って、集団はぼくたちの車に向かってきた。子どもたちも数多く混じっていて、あっという間に車はこの集団に取り囲まれてしまった。ぼくはてっきりこれが何か祭りか結婚式の儀礼にちがいないと思った。大地を足で踏みならし、と

葬式の儀礼のひとつであるが、男たちが手に手に棒（昔は槍であった）を持って隊列を組んで村のなかを巡る。

きどき飛び上がる。
立ち往生してしまった車の中で、どうするかなと思ってタダッセを見ると、彼はポケットから紙幣を出して渡そうとしていた。知り合いもいるらしくなにか話をしていたが、なかなか集団は車から離れない。おそらく祝儀をぼくにも要求しているのだろうと思って、同じように紙幣を取り出して渡したら、以前と同じように大地を踏みならし、雄叫《おたけ》びをあげて集団は去った。

葬式など儀礼の時には、男たちは顔に白い化粧土を塗る。そしてコンソの独特の雄叫びをあげる。

ぼくはまだコンソ語はほとんど理解できなかったから、タダッセにあれはいったいなんだと聞いた。タダッセは笑いながら、他村に嫁いだ老婆が死んだので葬式の手伝いに行くところだと言った。ぼくは即刻

「けれど、やけに楽しそうじゃないか」と聞き返した。それに対してタダッセはコンソの文化の一端について含蓄の深いことを言った。

それはつまり、死んだのが婆さんであり充分生きたから、これはそれほど悲しいことではないと彼らが考えているからだというのだ。そしてなによりも葬式中はチャガと肉にありつけるのだそうだ。このことはやがてサウガメで生活するようになって納得のいくものになるが、これがコンソで出合った最初の死についての文化であった。

夜の風が運ぶ慟哭

ぼくがサウガメに住むようになってから、固形物は朝の豆やキャッサバだけというのが基本になってしまった。もちろんアジス・アベバから運んだ別の食料は少々もっていたが、毎日消費するわけにはいかない。もしぼくが下戸《げこ》なら、いくらアルコール度が弱いとはいえ、コンソから逃げだしたにちがいない。

こうしてサウガメで暮らす日常が始まったが、いくらぼくたちの生活と異なっていても、暮らすということは単調なものである。それでも昼間はいい。あちらは暇であって好奇心もすさまじいので訪問客が後を断たないから、こちらも退屈ではない。そしてサウガメは密集していて二二六軒あり、人口はついにぼくにはわからなかったほどだから、一度は「トールの住処《すみか》」を覗きたいという全ての人の好奇心が終わるにはもう絶望的な日数がかかる。おまけに噂を聞きつけた他村の奴まで来るから、どちらが調査者なのかわかりゃしない。

訪問者から逃れるには、こちらがあちこち動けばいいが、いつも目新しいことばかりではない。退屈だが気疲れする毎日も、陽が落ちて八時過ぎになるとぼくの小屋にも静寂さが訪れる。チャガはビールだからいくら飲んでもこの頃になるとお腹がすいてくる。この空腹と、夜になると忍び寄る足の爪に入り込むスナノミ捜しが結構つらい日課なのである。

下宿していた家の小屋を毎日のように覗きにくる村の子どもたち。彼らの好奇心の強さは子どもの頃からのようだ。ときどき怒鳴り散らして追い払っても次の日はまた同じ。

サウガメはコンソの住む小山塊でももっとも高いところにある。標高は一八八〇メートルだから、夜になると冷涼となる。持っていった最高最低温度計では夜一五度から日中二六度をさしていた。

眠れずときどきローソクをつけウイスキーを飲んでいたりすると、風が強くなり家に植えられている木の葉擦れの音が大きくなる。

そしてその風の中に、なにか遠くから人が嘆き悲しむ慟哭《どうこく》が大きくなったり小さくなったりして運ばれてくるのである。ぼくはこの風の慟哭の主は女ではないかと感じとっていた。それも大切なものを失った時の、あの普遍的な身を捩《よじ》るような嘆きなのではないか。この人の嘆きの混じる風の音の抑揚はどうも隣の山上の村からくるらしい。隣といっても東のゲラ村、北のファーシ村、あるいは北東のマチャゲ村があり、風の方向と悲劇が偶然重なった時、それはぼくの耳に到達するようだ。

ぼくのサウガメでのインフォーマントの一人は、大家のガイヤナであった。こうした夜を何回か経験して、ぼくはガイヤナに訊《たず》ねた。

「おい、ガイヤナ、昨日ゲラ村でなにかあったのか」と言っても、「なにもないさ」としか答えない。そこで、あの夜の風の音に混じる悲しみを真似てみせる。ガイヤナはケラケラ笑い、「おー、トール、あれは昨日ゲラ村で子どもが死んだのさ。それで女たちが哭《な》いていたのよ」とこともなげに言う。その晩サウガメからゲラに行った人もいるという。

この風の嘆きが聞こえると一晩ではすまない。だいたい三日は続くこともわかってきた。そんなに頻繁に聞こえるわけではない。

ぼくの住んだサウガメにもたくさんの乳幼児がいる。死亡率は高いところだから、ぼくの滞在中に乳幼児が死ぬことも何回かあるはずである。

ぼくの予想はほどなく的中した。ある日の晩、例の女たちの嘆きの合唱がすぐ近くから聞こえてきた。一定の長さ、この哀号が続くと静寂が訪れ、またこれが繰り返される。ついに朝まで続いた。

サウガメには二つの枝村があるが、この二つの枝村とサウガメ本村を五つに分けた計七つの近隣集団カン

左側は私の最大のインフォーマントとなったオルカイドー。コンソの少女たちも好奇心のかたまりである。異国人の私を恐る恐る観察しに来る。

ダがサウガメにはある。ぼくの住んでいたカンダはガイヤナと同じで、子どもが死んだのは隣のカンダであった。

ガイヤナやその異母弟オルカイドーによれば、葬式の世話をするのはカンダの人だから、親戚でもなければ他のカンダの人はなにもする必要はないと冷たいものだ。もっともいちいちつきあっていたら、二二六軒もあるし、高い死亡率だから身もお金ももたないのだろう。

子どもが死んだのは村の門の近くの家だった。オルカイドーについてきてもらって少し見学させてもらった。ときどき他の村から親戚の女が訪ねてきて、その家の入口のところで一定の形式に則った追悼の文句を歌う。中に入ると、死んだ子どもの棺ができる間、女たちがその子の横たわる小屋のまわりで座っている。ときどき合唱のように追悼の例の嘆きが始まる。

ぼくはまだサウガメでは新米だったから様子がわからず、それに子どもを亡くした母とその親族の非難するような視線を感じて、それ以上のことはできないなと感じた。これがコンソで出合った二つめの身近な死であった。

ぼくは女たちの泣き声に自然の無常を感じていた。

2……祖先と神あるいはハウラとワーガ

先祖を埋葬する畑、ディーラ・ハウラ

コンソの男も女もたいへんな働き者だ。段々畑が山上の村から約一〇〇〇メートル下のサガン川まで続く。その畑の耕起や収穫、鳥追いあるいは新たな開墾は男がして、平日の畑の世話は女たちがする。そうした仕事がないと、男は糸紡ぎや機織りを村の中でしている。畑の一筆は小さなものなら数坪しかない。ここにモロコシ、トウモロコシ、コムギ、数種類の豆、キャッサバ、サトイモ、コンニャクなどを混植している。

こうした畑の中に自分の家の祖先と関係する特別な畑があって、それをディーラ・ハウラと呼んでいる。ディーラというのは畑という意味である。ハウラは木の枝を意味するが、同時に墓標のことも意味する。この墓標のある畑が、両親やその親、先祖たちが埋葬されている特別な畑である。一つの家の先祖たちは同じ一つのディーラ・ハウラの下に眠っているのだ。

唾は信愛の印

サウガメ村に暮らすようになってしばらく経った。村の大人たちがそろそろぼくの挙措《きょそ》動作や持ち物に厭きた頃、ぼくは大家《おおや》の年若い異母弟オルカイドーとその友人バシュラを連れてあちこちウロウロするようになった。

サウガメ村の領域は山上の集落と二つの枝村、そして南方に一〇〇〇メートル下ってサガン川の河岸段丘

の畑までえんえんと続く段々畑である。河岸段丘の上にはフォーラと称する出作り小屋の密集しているところが三ヵ所ある。ここまで降りると猛烈に暑く、マラリアの猖獗《しょうけつ》をきわめるところで、山上の集落がいかに過ごしやすいかがわかる。

コンソが土器作りや機織りあるいは鍛冶《かじ》にたけた技能を持っているとしても、毎日毎日それを見て過ごすわけにはいかない。オルカイドーとバシュラを伴って女の日常である畑仕事を見に行ったり、出作り小屋に泊まりがけで出かけたりした。

オルカイドーの母親はぼくの両手にペッと唾を吐きかけたりする。ぼくを自分の子どもであるオルカイドーと一緒にみなしていたからだ。これはコンソの人々の最大の信愛の表現なのである。オルカイドーは一五歳でぼくの子どもと同じような年齢だから、なんとなく勝手にぼくが彼の後見人くらいに思っていた。母親はひょっとするとぼくと同じくらいの年齢なのに、そんなぼくの思いとは関係なく、勝手にぼくを息子扱いしていた。

両手の唾を「サガー」という。これがあるうちは「ナガイタ」（まあこれは「幸せ」とでも訳しておく他ない）があるよ、というのである。オルカイドーのおっ母さんがどう思おうが、ぼくがいたずらや勝手なことをしてもおっ母さんは許してくれた。

男女別のあるハウラ

この働き者のおっ母さんはぼくを見ると「オー、トール」を連発する。ぼくは彼女の畑仕事にオルカイドーとよくついていった。そのうち、おっ母さんが今日はキャッサバを引き抜きに行くというので、オルカイドーやバシュラと一緒に行くと、その畑こそオルカイドーの父親の眠るディーラ・ハウラだったというわけである。畑はモロコシやトウモロコシの背が結構高く収穫の時期だったので、畑の外から見る概観ではこのハウラを発見できなかった。

中に入ると、その畑には古いハウラや新しいハウラがたくさん立っていた。ハウラは石を円形に敷き、その中心に二本か三本立っているのが普通である。よく観察すると、ハウラの上部は人の頭を象《かたど》っているようにも見える。つまり適当なところにくびれがある。ボタンで目のようなものをつくっているものもある。そしてハウラの下部には二本か三本の刻みが入っている。おっ母さんに聞くと、刻みが三本なのは男、二本なのは女の死者であるという。

畑の墓は男と女では分けられている。上段の畑に男、下段の畑に女となっている。

畑の中の墓標――死体は肥料か?

このディーラ・ハウラには他に古いハウラがいくつもあり、それは先祖の人たちのものであるという。現在の人々には記憶されていない先祖のハウラはもうなくて、下部の石を敷いた円形だけがその痕跡をとどめている。

一つの家で死者が出た場合、埋葬する畑が決まっているということは、古くから定着した家ならその特定の畑の下には数えきれないほどの人が眠っていることになる。すると死体はその上のモロコシやトウモロコシの栄養分になっているのかなと、ぼくは妙な気分になった。そしてコンソの人々はそのことを意識しているのかなと。

　このように推測させるもう一つ別の理由がある。サウガメ村の石塁の外側にクーファと呼ばれる一種の堆肥をつくる施設があることは既に述べた。これは家で舎飼いしているヤギ、ヒツジ、コブウシの糞やその飼料の植物の枝や葉の残りを溜めておく場所である。一軒一軒の施設があって、回りを石で囲った穴である。サウガメ村の人々は三日に一回ほどの割で、自分たちの出した調理の残滓《ざんし》や糞や枝葉をきれいに掃除して、このクーファに運ぶ。そして発酵させて適当な時期に自分たちの畑に堆肥としてこれを使う。この有機農法的な物質循環をコンソの人々はうまく利用することを知っている。だからぼくは、死体だってその論理の延長上に位置していることを彼らが意識しているかもしれないと考えた。どうして死体の埋葬がわざわざ畑なのかは、こう考えれば合理的だと思うと同時に、コンソの人々もぼくと同じように唯物論者なんじゃないかと思った。けれども「死体は肥料かい」とぼくは聞けなかった。

死後の世界はあるのか？

　その後こうしたディーラ・ハウラをいくつか観察した。どの家にもそ

キャッサバは不毛な畑でもよくできるが、そんな畑にあるコンソの墓標。

墓標のハウラ群を小屋がけして先祖を敬う人もいる。

の家のディーラ・ハウラはあり、畑以外に埋葬することはないようだ。立派なものや粗末なものなどバラエティはかなりある。裕福な家のものは、ハウラの上に小屋掛けをしたものもある。これをコルゴロータといっているが、その意味は小屋ということである。

それともう一つ気がついたことは、かなり新しいハウラには供え物をした形跡があることである。ハウラの前にトーマと呼ばれる木器が置かれている場合がある。オルカイドーに聞くと、これはスワ（肉のこと）やダマ（モロコシと葉菜を煮て、団子にしたもの）を入れて供えたものだという。

ぼくのコンソ語は彼らの精神世界のことまで闊達《かったつ》に聞けるほど上達していなかったので、コンソではあの世があって、死者はあの世でも飲み食いするのかということなどまだわからなかった。それでも、裕福であればハウラに小屋掛けをしたり、いつ供えるかわからないが供物があるらしいということは、彼らの精神世界で、日本の民俗の世界でみられるような霊魂とか死者の世界というものを想定しているのではないかということを考えさせる。

守神ワーガ

ぼくの滞在中に偶然もし死者が出れば、埋葬も含めて詳しく見てみようと思った。それは初回の調査の滞在中には実現できなかったが、二回目の調査の折に実現した。それにふれる前に、コンソの精神世界を語るうえでハウラとならんでワーガについて語らなければならない。

コンソでかりにぼくが市場でヒツジの肉を買って、食べきれないので近所の人に分けたとする。すると肉の分配にあずかった人は必ず「ワーガ・ダーシュ」と言う。翻訳すれば「神が与え給うた」とでもいうのであろうか。ワーガを神と訳していいのかどうかはむずかしい。彼らにキリスト教やイスラム教のような神観念があるのかどうか、わからないからである。

このワーガをもっとも具体的に表現する一種の像がある。それがコンソの村の入口の門であたかも村を守るように配されている有名な木像・ワーガである。ぼくの住んだサウガメ村ではかなり貧相なワーガが入口にあるだけである。しかしマチャゲ村やブソ村のワーガは有名で、ヨーロッパの研究者にもかなり知られた存在である。外国人は研究者以外めったに来ないが、それでも最近これを求める人がいるらしく、密かに盗まれることもあるという。また幹線道路では、これを買わないかと車に駆け寄ってくることもあるらしい。

ワーガは村のために闘った先祖の英雄でもあるようで、一つ一つのワーガに物語がついている場合もある。そして現在の儀礼の時にもつけるカラチャという男根を頭部に象ったワーガも多い。木像のワーガはときには赤く彩色してあり、目鼻にはボタンを使っている。

コンソのブソ村のワーガ（守り神）。ワーガのまわりに蛇などが巻き付いている。

体の下部にはその英雄が闘って殺した動物、多くが巨大なヘビやヒョウが巻き付いている。だからワーガは伝説上の祖先の英雄とも考えられ、必ずしも神ではないかもしれない。

元来、あまりこの方面には関心がなく、滞在中には「へー」なんて思っていた程度だから、今になってみると悔やまれる。そう思ったのは、ぼくがサウガメ村から二度目に去るとき、クセ・グイッタが、わざわざ「トール」が帰るというのでこのワーガの木像を彫刻して贈ってくれたからである。

彼はブルクダイヤ村にいたが、ぼくが帰るらしいということを数日前に聞きつけた。コンソの情報はマーケットを通じて意外に早く伝達する。そして帰りの道では山賊がやはり出ているから、コンソの入口の村であるバカウレで数日間、奥地からくる車を待ち、一緒にコンボイを組んで帰った。コンボイは見ず知らずの数台の車が一緒になって危険な場所を突破する方法で、一種の生活の智恵である。クセ・グイッタはコンボイをして帰ることを勧め、同時にコンソの守神ワーガを持たせて友人である「トール」を守ってくれたわけである。そのおかげなのだろう、ぼくはなにごともなく無事アジス・アベバに帰り着いた。そんなこともあって、ワーガはぼくの脳裏にある種の鮮明な快い記憶をつくっている。

3……ブッカと老人たち

死を予感する老人たち

サウガメの老人たちが外観ほどの年齢かどうかは疑問だが、仕事から解放された老人の所在なさは、ぼくにあるやりきれなさを感じさせた。

　コンソの人々は寝るとき、一枚の長方形の布・ハルバにくるまって寝る。大人なら単衣の長方形を三枚縫ったもの、子どもなら一枚である。朝、女たちがホラ（コーヒーの葉を煎じて塩を加えたもの）と豆やキャッサバの煮たものを用意する間、男たちはこのハルバにくるまったままうろうろしている。

　老人たちが、日中でもこのハルバにくるまって山上の村の聖なる広場の石のベンチに座り、眼下の景観を黙って見ている光景にしばしば出会う。通りかかる異国人のぼくにも何ら関心を示さず、その姿は何かを諦観《ていかん》したようにみえる。ぼくには死を予感したように感じるのだ。

　老人たちとぼくはほとんど接触もなく毎日が過ぎ、そしてある老人の葬式に参加することになった。その顛末の一部を語ってみよう。

　一九九三年五月二六日に記されたフィールドノートの、「トール、ブッカ（葬式）があるから見に行こうとオルカイドーが言ってきた」で始まる文章が、ぼくの見た葬式の記述の最初である。

サウガメ村の老人。毎朝、必ず村を一周していたが、いつもハルバにくるまって日なたぼっこをしている老人をみた。一見するとかなりの歳のようにみえるが実は40歳以下であろう。

老人は前日に亡くなったらしい。このケマイダ（老人のこと）はかなり歳をとった人のようだ。二人の息子があり、第一夫人の子どもとの折り合いが悪く、第二夫人の子どもと同居していた。

葬儀で踊る男たち、泣く女たち

老人は第二夫人の家の中に一枚のハルバにくるまれて安置されていた。この第二夫人の家の屋敷内では近隣の者が集まって、棺作りが始まっていた。チョウナを使って木をはつり、四枚の板を作る。

これは結構時間がかかり当分終わりそうもないので、第一夫人つまり長男の家のほうに行ってみる。棺は死者を納めてこちらにもってくる予定のようだ。だからこちらの家にはたくさんの人が集まって座っている。座っている人はほとんど女で、ときどき声をあげて哭《な》く。親族が中心のようだ。

山上の集落の少し下に、広い広場がある。これをプンガといっている。畑に行くにはこの広場を通ることが多い。このプンガのほうから、ギルバを歌い踊る男たちが戻ってきた。この人たちはこの家の墓のある畑に墓穴を掘るのを手伝っていた。長男の家のハラ（門）をくぐって、円陣をつくって盛んに踊る。これが結構楽しそうなのである。老人が死んでギルバを踊る人たちが楽しそうであることは前にも書いたが、この場合のぼくは何となく同調できないものを感じた。

これとは対照的に、座っている女たちは間歇泉《かんけつせん》のように泣き声をあげる。女たちの泣き声に一定のパターンがあるようで、かなり形式化されたもののようだ。だからギルバと慟哭《どうこく》のオムニバスのようなものなのである。

葬儀の手伝いと振る舞い

棺がなかなかやってこない。ぼくは自分の小屋に戻り、ぼくにくっついて歩くオルカイドーとバシュラから死の儀礼について少し聞いてみた。話は少し面倒なことになっていて、コンソは九つの父系親族集団に分かれていることを述べなければならない。そしてそれぞれの親族集団で九代以上同じ場所で存続している家はポゴラと称され、権威がある。これらの家と普通の家では家の家格が異なり、儀礼や社会的地位や社会的行動で異なった規範がある。村には九つの父系親族集団が混在するが、ポゴラは数軒である。

人が死んだとき、ポゴラと普通の家では葬式を手伝った人への振る舞いが異なる。ポゴラならヒツジ九頭を屠《ほふ》る。普通の家なら三頭である。大きなポゴラでは古い雌ウシ、若い雄ウシ、三頭のヒツジ、そして異様に太らせた雌ヒツジであるラハを一頭殺し、肉を振る舞う。どんな場合もチャガを振る舞うのが当然とされる。

とにかく人々は、葬儀の手伝いになにがしかの返礼がなければ頑として動かない。葬儀の手伝いの主なものは墓穴を掘ること、棺作りをすること、棺担ぎをして埋葬すること、そして死者の着るハルバを織ることなどである。

ハルバは織物の単位を表す言葉で、一枚の長方形の綿布である。人が死んだ翌日の朝早く、村の共同の機《はた》を織る場所で一枚の特別なハルバを織る。長方形の短い辺に平行に帯状の黒い模様をつける。黒い色はナーバといい、日常使っている土器の底の黒い炭で染色する。これは死者のハルバに限ってつける。

納棺

こんなことを聞いていたら時間が経った。出棺に間に合わないとまずいと思い、再び棺作りの現場に戻った。棺はほぼできあがっていた。できあがった棺を老人が安置されている小屋の中に運ぶ。普段の古いハルバにくるまれた老人の横では、この家の三～四歳の子どもが小屋の中の土のベンチに子ども用のハルバに包まれスヤスヤ眠っていた。ぼくにはこの光景が印象的であった。死というものもすべて日常の中に存在するものなのだということをコンソの人々は感じているのだろう。

棺が小屋の中に運ばれ、死体を入れる準備をする。死体をくるんでいたハルバが取り除かれる。ハルバをとると老人は両手を縛られて、局部のあたりに手を合わせていた。やせ細って頭は白髪である。死体という肉体をまざまざと見たのは、ぼくが好きだった自分の父しかいないので、こうした場所で異民族の死者と対面する不思議さを思わずにはいられなかった。

やがて水とラーダ（ヒツジの肥満した部分からとった油脂）が運ばれてきた。死体を棺の蓋の上にのせる。古いハルバを剝《は》がして死体を真っ裸にし、二～三人の男たちが全身を水で洗う。その後、長男がラーダを白髪に塗りつける。それが終わると死体を棺に納め、蓋の回りを釘で打ちつける。そして真新しい例の黒い模様のついたハルバを蓋の上にくくりつける。

出棺

ここは第二夫人の家だから、第一夫人の家つまり長男の家まで棺を運ぶ。棺を運ぶ人、そしてそれに伴う人は、ぼくには勇壮としか思えないギルバを歌い踊り、行列をなしていく。

野辺送り。女たちは悲しみを表現するとき頭の後に手を回し、哀泣する。

長男の家で、このギルバの円陣は棺の回りでひとしきり激しく歌い踊る。親族の女たちはギルバを遠巻きに見ているが、踊りの激しさに同調するように一定のパターンの泣き声をあげる。「ランミッタ、アパ、ンギットウ」と泣きながら言っているようだ。これは「父は、もう二度といない」という内容だが、ぼくにはそれほど悲痛さは感じられない。

女たちには悲しみを表す独特の仕種がある。女たちは「オー、アバ（父）」と泣きながら、片手を後頭部に回し、少し頭を振る。この動作は出棺後の野辺送りの道中でも頻繁に見られる。

出棺は長男の家の門から出るが、男たちの歌は急にかけ声のようになり、この転調が野辺送りの出発の合図を意味しているようだ。

この転調が始まると、親族の男たちが孫にあたる幼い男の子どもを抱いたまま、地上に置かれた棺の上を跨《また》がせた。棺の長いほうに対して直角に三度跨がせるが、両側に大人たちがいて抱き取るようにしてこれを行う。先ほどぐっすり眠っていた第二夫人の家の孫もぼくと同じように訳がわからない顔をして、大人たちのなすがままにされていた。残念ながらこれが何の意味か問うことができなかった。というより問う雰囲気ではなかったのだが、その後も、いつもの怠惰なぼくの性格が災いして、確認することを失念してしまった。

野辺送り、埋葬

これが終わるのを待っていたかのごとく、出棺寸前に門の近くにいてカサ（鉄砲）を持った男が空に向けて空砲を三発轟《とどろ》かせた。棺を持った男たちや、それに伴走する男たちは歓声をあげて墓地のある畑に向けて走り出した。その後を親族の女たちが後頭部に手をやり、やや儀礼的な泣く仕種をしつつ、小走りについていく。墓地はタルグシェにあるという。タルグシェはサウガメの新しい枝村であり、まだ五軒ほどしかない。本村サウガメから畑の中の坂道を下って三〇分ほどのところである。

この日は途中で小雨が降り出していた。だから道がぬかるみ、ぼくはついていくのが大変だった。相当遅れてハウラの立てられるべき畑に着くと、墓穴はすでに掘られていた。深さ二メートル五〇センチ、穴の縦横は棺がぎりぎり入る大きさであった。コンソの段々畑の側面はすべて石で囲われていて有名なのだが、この掘られた墓穴を見れば、それは一種の生活の知恵だということがわかる。この墓穴から掘り出されたのは土というより石ばかりである。それも丸い石ではなく厄介な板石である。

よく見ると、墓穴には深いところにもう一つ横に棺が納まるように横穴が掘られていた。死者はここで死後の世界を過ごすということだ。テーバとよばれる牛の皮をなめした紐で棺を下ろし、その上にピルビルタの枝葉をかぶせる。ピルビルタは畑や道の脇に植栽された燃料にする樹木で、ヒノキ科の *Juniperus procera* のことである。

誰もが畑の墓標となる

棺を納める最中に小雨がどしゃ降りになってしまい、参加者一同タルグシェの出作り小屋に避難した。雨宿りしながらみんなの話にぼくは少々あきれた。

というのは、棺作りをしているとき、あまり時間がかかるのでぼくは一旦自分の小屋に戻ったことは前述した。その間に起きたことをみんなが話していたのだが、その日のピーファ（昼ご飯としてのチャガ）を喪家に要求したが、遅いのでみんな仕事を放り出して帰ろうとしたというのだ。他のことでのコンソの人々のきわめて徹底したシャイロックぶりは、ぼくをしばしば当惑させたが、死者に対してもこれは貫徹しているようなのだ。

これだけではない。これならここにいる墓穴掘りや棺運びを手伝った人々にも当然何かが振る舞われなければとんでもないことになる。ぼくはすべてが終わってぬかるみの道を帰途についていたら、一緒の連中がコルバイダ（ヤギのこと）が振る舞われたと言っていた。

そうしていたら一緒に帰った連中を追いかけてきた一群が興奮して、カッサダ（これもぼくの親しい友

畑のなかに掘った墓穴に棺桶を下ろす。棺桶の板はチョウナで新しく作ったものである。

墓穴にはあの世で着られるように新品のハルバを一緒に入れる。日本の土葬の葬式とよく似ている。

人）はいないかと言う。その一群が口々に言うには、ヤギを解体していたら、途中でカッサダがヤギの生肉のいいところをごっそりかっさらって逃走したというのだ。生肉が正当に配分されなかったわけで、「あの野郎、ぶっ殺してやる」とわめくほどのみんなの怒りようであった。

ぼくはその後、この畑の墓標であるハウラを見に行った。真新しいハウラが畑の中にあった。そしてあんな騒ぎの中での死者もいい迷惑だなと思った。

けれども、下宿先のやさしく親切なダッピテも、葬儀の生肉をかっさらうカッサダも、やがて畑の中の墓標となる存在なのだなと今は思っている。そして彼らより早くぼくはいったいどこに行くのだろうかと。死とは死者にとってよりも生者にとっての問題なのだということは、コンソであれ日本であれ、同じことなのだとつくづく思う。

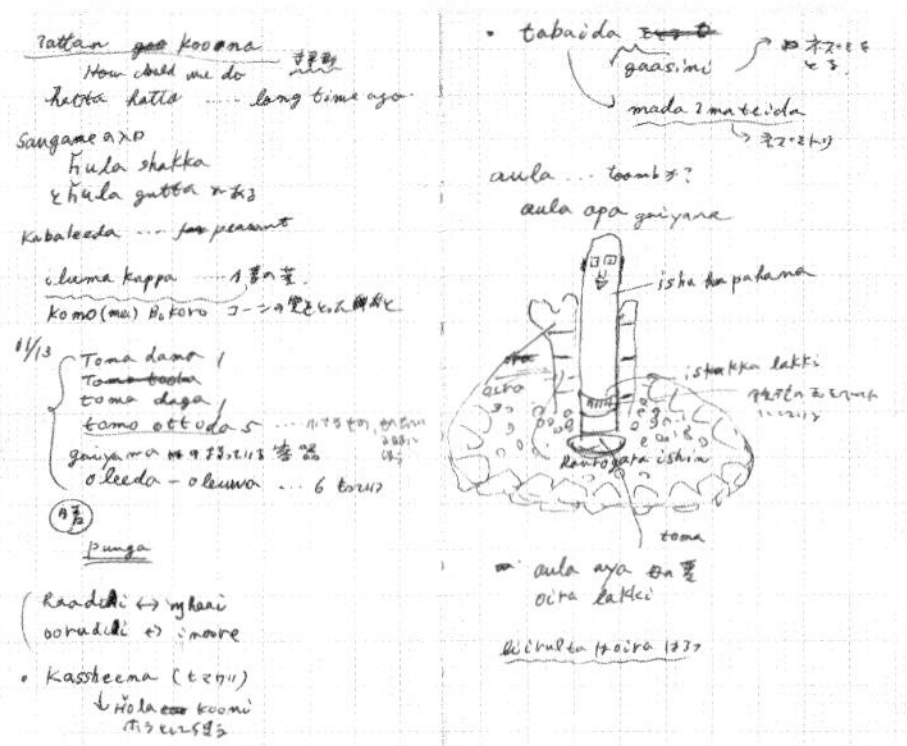

第3章 不毛の大地を耕し段々畑を作る

山上の集落から円錐状の広がるコンソのストーン・テラシング。山上からサガン川までの標高差は 900 メートルあるが，サウガメの人は一番下の畑にでも毎日平気で通う。それも帰るときは収穫物や舎飼のコブウシやヒツジの餌を担いで帰るのである。畑のなかの樹木は建築材のピルビルタである。

コンソの住む小山塊は玄武岩で構成されている。いつからコンソがここに住むようになったのかわからないが、コンソはこの不毛の石だらけの山を見事なストーン・テラシングの畑に変えた。アフリカで独自に農耕技術を内発的に発展させた人びとである。

1……斜面に段々畑を作る

山の上に住むということが山の下に住むこととどれほど差異があるのか、想像できるだろうか。この「山の上に住む」という意味は、山行で山小屋に数日生活するということではない。それは暮らしの主要な部分を山の上で営むという意味である。

この章ではコンソの農耕の特徴と家畜飼養の特異性を中心に、コンソの世界を素描してみたい。以下、作物などの名称はコンソの表現をカタカナ表記し、括弧のなかに和名で対照できるものはそれを記した。和名で対照できないものは括弧内に学名を記すことにした。またコンソの農耕技術などに関する特異な表現もできるかぎり近い言葉で翻訳したが、できない場合はカタカナ表記にした。

コンソでは畑をディーラと呼ぶ。サウガメ村の集落は山の頂上にあり、その下は段々畑である。畑は一筆一筆石垣で囲われていて、等高線に沿って細長いのが普通である。畑の耕作地の下方と左右は石垣で囲われ、上方は上段の石垣を背負う形になっている。

長方形の一筆の縦横の長さは一定ではないが、縦五メートル、横一〇メートル内外のものが多い。この程度の大きさのものをヘランダといっている。畑一般はディーラと呼んでいるが、そのなかで普通の畑をヘランダ、もっと小さな畑をサガリッタといっている。畑の高度による特徴を述べてみると次のようになる。サウガメ村のある山の頂上近くから約一〇〇メートル下ったところにサガン川が流れる。畑は山の頂上から同心円状に広がるが、東西と北側はある程度降りると隣村との境界になり、南側はこのサガン川まで展開する。山の頂上付近は比較的緩斜面に畑があり、サガン川に降りていく山の中腹では急斜面になり、そしてサガン川近くでは再び緩斜面になる。そしてこの緩斜面から一気にサガン川に二〇〇メートル近く下り、河岸段丘に至る。

サウガメ村の人びとは自分たちの畑のある地域を区分していて、山の頂上付近はサウガメ、山の中腹の急斜面をマガド、再び緩斜面になる地域をハルマレ、そして河岸段丘のあるところをサガナと呼びならわしている。畑の石垣の高さは、この斜面の緩急によって異なり、ハルマレでは五〇センチメートル以下になる。サガナの河岸段丘状の畑には石垣はほとんどない。石垣も下にいくほど粗雑な作りになるが、サウガメやマガドにある畑の石垣は場合によっては二メートル以上になり、精巧な作りをしている。

上段のヘランダと下段のヘランダがあまりに急な場合は途中に段差を設けて小さな畑をつくる。こうした小さな畑をサガリッタと呼んでいる。集落の

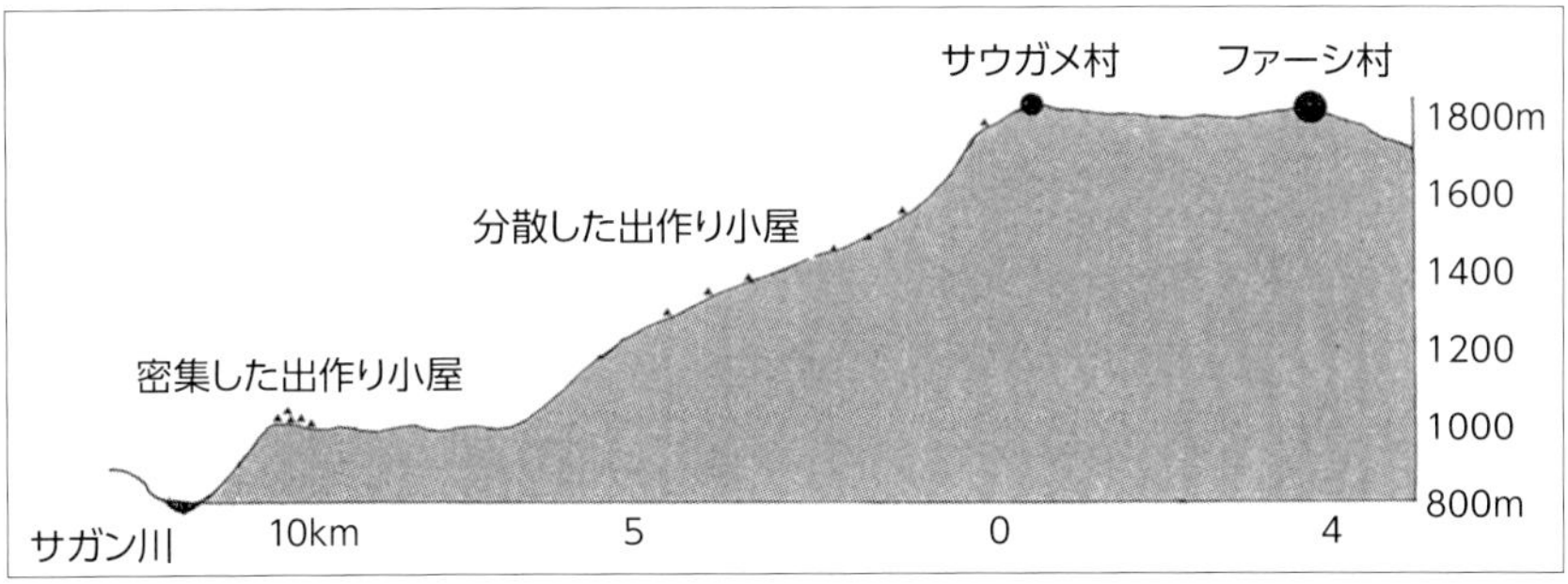

図3-1　山上の村からサガン川までの断面模式図。サガン川の近くまで行くと乾期の暑い時期には50度を超えることがある。そんなところにもヒョウタンが栽培されている。

山上から円錐に広がるストーン・テラシングの畑は、いつも緩斜面ではなく、転げ落ちそうな急斜面にも展開する。

なかの石垣にもあらわれるが、幅がわずか数十センチメートル以下であってもそこには作物が植えられている。

等高線に沿って作られるヘランダも場合によっては長方形にならないときがある。ヘランダの半分くらいの不定形な畑をハルガという。ヘランダ、ハルガ、サガリッタを組み合わせて等高線に沿った畑が同心円状に上から下まで続いていく。これらの石はほとんど玄武岩である。風化した丸い玄武岩やまだ板状の節理をもった玄武岩を巧みに組み合わせてカワタと呼ばれる石垣を築く。山全体が玄武岩でできていると思われるほど、この岩石はいたるところにある。

畑の石垣カワタは、畑を耕起してでてくる玄武岩を取り除いて積み上げたものである。サウガメやマガドの畑の石垣は精巧な作りをしているが、さらにいくつかの特徴がある。畑は上下に大きな同心円を描くが、局所的には平行にみえる。この同心円の中心から半径を描くようにいくつもの道ができている。その道に面した畑の両側面は、場合によっては畑の面よりはるかに高く作る。それは家畜（コブウシ、ヒツジ、ヤギ）を移動させるとき道を通るので、畑に入らないための工夫である。この畑の面より高い石垣をカワタとはいわずアフルマイダと呼んで区別している。

等高線に沿った道も数段おきにあるが、畑から畑への人の横の移動は畑の中を通る場合が多い。道のない畑のなかの人の縦の移動は、境界にある石垣に斜めに降りていけるように玄武岩の板石が階段のように挟んである。サウガメやマガドの道は、たんに道という以上のものである。道の両側や畑のカワタやアフルマイダが連なっているが、この道は放水路として、また灌漑のための潜在的な用水路の役割も果たす。

コンソでは雨季と乾季があり、雨季に降る年間降雨量は一二〇〇ミリメートルから一六〇〇ミリメートルである。畑の作物の播種期や生長期には水が必要であるが、畑が斜面にあるため保水や放水にさまざまな工夫が必要である。斜面に降った大雨は、急流になって畑を壊す危険がある。道の両側にあるカワタやアフルマイダの側面の下にはときどき石がないところがある。これをフンナといっているが、ここから畑に降った大雨が土に浸透し、水を道に排水する仕組みになっている装置である。つまりオーバー・フロー・システムとしての役割を担っている。道はこうしたフンナの水の放水路にもなっている。

また雨の水が必要なときには、この道の一ヶ所から水を引けるようにもなっている。用水路がカワタの側面につくってあり、畑の最上部に入るようになっている。アフリカの農民が固有の灌漑システムを作る例は他にも多い。(1) しかしエチオピア南部ではコンソの農業においてきわめて発達している。こうした灌漑システムをガバと呼んでいる。ガバは全ての畑にあるわけではなく、サウガメでは谷筋の水が常時湧き出ている小さな流れのあるところにある。こうした畑には当然水をよく要求する作物（バナナやサトウキビあるいはサトイモの品種など）が植えられている。作物については後述するが、高度差や微細な人工的環境の差異に応じて植えられる作物を選択するという高度な農耕技術をコンソはもっている。畑に入った水は、畑の周囲に掘られた小さな溝をめぐって次の横や下の自分の畑に入っていく。

サウガメやマガドのガバは基本的には個人の所有する畑を灌漑するシステムである。マガドの畑は急斜面に作られたものが多い。したがって畑に降った雨は浸透する間もなく流れ去る。そこで道の一ヶ所からかなり精巧な用水路を引いている。

ガバがもっとも発達しているところはサガンである。サガンの河岸段丘上の畑をイエロといっているが、ここでは一筆一筆の畑もサウガメやマガドあるいはハルマレと比べものにならないほど大きい。酷熱地帯でもあり、植えられる作物もトウモロコシ、サトウキビ、サツマイモ、バナナ、ヒョウタン、レンズマメなどであり、サウ

サガン川近くの畑には、こうした灌漑施設が作られている。

ガメやマガドとは異なる。サガン川から大規模な用水路を何本も引き、イエロのかなりの部分に水を供給している。したがって山の上や中腹の畑と異なり、イエロの畑をもつ人びとの共有のガバである。

山上や山腹のガバが基本的に石組みのガバであるのに対して、イエロのガバは長く、労力も必要であるので土を盛って溝を作る。この地域は家畜の大規模な放牧も行われる場所であり、サウガメでは山上、山腹、河岸段丘の土地利用が異なった形態をとる。一般的にいうと、山上、山腹は集約農耕的で家畜は舎飼、河岸段丘は粗放農耕的で家畜は放牧の形態である。サガンのイエロのための出作り小

コンソの生活には無駄ということがほとんどない。集落や家のなかのちょっとした隙間にもこうしたサトウキビなどが植えられている。

多種多様な栽培植物が混植される畑。風に弱いモロコシを集めて束ねている。

エチオピア起源だという説もある栽培されるベニバナ。コンソではベニバナの小さな実が風選されてチャガの材料となる。ベニバナを染料として使うことはない。

サガン川の河岸段丘上の出作り小屋の近くに密集した貯蔵小屋。広いサガン川近くでも小屋が密集するのはコンソらしい。

屋はハルマレにやはり密集して作られている。出作り小屋はマガドにも多いが、ここではあちらこちらの山の中腹に孤立して散在している。

イエロはサウガメ村の開拓の最前線であり、現在も川岸の向こう側はどんどん開拓されている。開拓の最前線の出作り小屋が密集するのは、本来川向こうは遊牧民ボラナの土地であったからである。一九九一年の調査時では川向こうには畑は存在しなかった。一九九三年の調査期間中にボラナとコンソのあいだで平和協定が結ばれ、一定の金額を支払ってボラナ側の土地を開拓することが可能になった。イエロはサガン川の河岸段丘であり、サガン川に入り込む支流（いつもはほとんど水はない）と支流の間に挟まれ、かつ山の裾で遮られた場所である。

サウガメには支流と山裾に囲まれたイエロが八つあり、それぞれ名称がつけられている。上流からサウガメ村の彼岸にあるのがイエロ・ビッタ、イエロ・ガルマ、イエロ・ゴッラ、イエロ・メッテダの四つである。此岸にあるのがイエロ・ハッダワ、イエロ・リマダ、イエロ・ジハ、イエロ・ホーマンバソの四つである。

サガン川は蛇行していて、洪水後にはしばしば流路を変える。したがって、このイエロはきわめて不安定な土地といえるが、肥沃な土地でもある。上流は本村サウガメ村の東の山上のゲラ村のイエロであり、下流は本村サウガメ村の西の山上のカシャレ村のイエロが境界になっている。上流ではサガン川に対岸から入る比較的大きな支流オルギレ川、下流では此岸から入るジョッミテ川の間がサウガメ村の領分である。

河川敷ではこうした穴をあけて滲み出る水を飲み水として使う。このほうが体にはいいそうである。私は沸騰させて砂や泥を沈殿させてから上水を使った。

上流をさらにいくと広大なブラーロと呼ばれる地域がある。ここで川は大きく蛇行し、あたり一帯が湿地帯になっている。アッバ・ロバ村の領分である。同じコンソの他村によって上流と下流の境界が設定されているため、サウガメ村の開拓最前線はボラナ側からサガン川に流れ込む支流オルギレ川の上流へ向かっている。かつては緑のサバンナであった対岸のボラナの領域は、コンソによって本村周辺と同じような農耕地に変わっている。しかし、ここでは多種多様な動物・植物が存在し、これらの野生動植物をサウガメの人びとは利用している。

山の上に生活の拠点があり、段々畑が山の下に向かって同心円的に広がる。東西と北側では同じコンソの他村の境界によって阻まれているので、南側のサガン川の対岸のサバンナを現在開拓中の部分も含めて南側一帯が、サウガメ村の広い意味での生活空間である。

2……農耕と家畜

山の上に集落を構え、周囲の山から順次下へ畑作地を広げていくサウガメ村の農耕生活は、その居住の特異性ゆえにいくつかの特徴をもっている。山の全てが潜在的な可耕地であれば、平地よりは地表面の面積は大きくなるからより多くの人口を養うことができる。しかし、現実には畑作地への転換可能な斜面の最大傾斜度には限界がある。サウガメ村のある山の上から畑はむしろ尾根上から両側面と下に展開していき、山腹の上部の急斜面はさすがに畑は少ない。

山の上はなだらかな丘陵状になっているので、村からは一面畑が展開しているようにみえる。そして畑を拡大すればするほど下に降りていくことになるから、農耕のための朝晩の登り降りはきつくなる。そのため、ある程度降りると登降の時間と労力を省くため出作り小屋が必要になる。一八八〇メートルのサウガメ村から約三〇〇メートル降りた山の中腹がマガドであるが、マガドからハルマレまで標高一五〇〇メートルから標高一〇〇〇メートルまでに出作り小屋が散在する。そしてハルマレのサガン川を望む丘陵の端にはサガン川のイエロのための出作り小屋が密集する。

この高度差を利用したサウガメの農耕は一言でいってしまえば労働集約型農業である。けれども、乾季・雨季や雨量あるいは土壌、作物体系、集落形態、生活様式など人間の生活と環境との微妙で密接な関係性は、一言ではいえない地域ごとの変異をもっている。

ここではサウガメ村で観察された生活と環境の関係を農耕と家畜を通じて概観してみたい。農耕は天候に左右される。コンソでは乾季・雨季の交替があり、それにともなって降雨や暑さが異なる。コンソでは季節は六つに区分されている。しかしコンソは山上の集落のある一八〇〇メートルとサガン川の流れる標高六〇〇メートルから八〇〇メートルの出作り小屋のある地域を含むので上と下では季節にズレが生じる。これはほぼ一ヶ月から二ヶ月の差がある。相対的に下のほうが暑い。

九月から一一月をハガイデ（雨季）といい、このときは雨も比較的多い。一二月から一月にかけてをボナ（乾季）というが、もっとも暑く、雨はない。二月はカダナ（乾季）といい、雨が降り始める時期である。作物の播種の時期でもある。三月ごろをソローラ（雨季）といい、かなり雨が降る。しかしもっとも食料のない季節である。四月から六月をイバルデ（雨季）というが、雨が多く作物の生長期である。七月から八月にかけてはマサナ（乾季）といって、作物の収穫がもっとも多いときである。これは山の上の集落がある場所での乾季・雨季であるが、出作り小屋のあるサガン川周辺では、上がハガイデであるのに、すでに下はボナになっている。

この山の上と下の季節差は、作物の恒常的供給に大きな役割を果たしている。山の上の集落では年間の気温は平均気温で一五度から二五度の変化である。もっとも寒い季節は四月から六月のイバルデであり、最低気温は一〇度前後まで下がる。しかし山の上では日の較差はどの季節でも少なく、過ごしやすい。それに比べてサガン川周辺ではボナの暑い季節では四〇度から四七度近くまで気温は上がる。マラリア蚊も多く、労働するには条件が悪い。

さてこうした条件のなかでサウガメ村の人はどのような農業をおこなっているのであろうか。高度差による農耕の違いを中心にそれぞれの特徴を概観してみる。サウガメの農耕は大きく三つに分類することができる。山の上の集落に近い畑と、高度一五〇〇メートル前後にある出作り小屋のある山の中腹のマガドの畑、

畑仕事をするサウガメの人たち。農作業にはよく掘棒を使う。

朝、昼ご飯のチャガをヒョウタンに詰めて農具をもって畑に向かうサウガメ村の男。

そして河岸段丘を利用するサガン川周辺の畑である。それぞれをパレーダ（村という意味）の畑、マガドの畑、サガンの畑として、その特徴を**表3-1**にまとめてみた。

集落を含むパレーダの畑は、カワタやアフルマイダの石垣で囲まれたヘランダが整然と展開する。ひとつのヘランダには多種多様な作物が混植されている。長方形のヘランダは、周囲が盛りあがり、中が窪んだ

表3-1　サウガメの土地利用

	パレーダの畑	マガドの畑	サガンの畑
ガバ（灌漑）	ほとんどない。ワカイデや沢に少々ある。	河岸の近辺にあり。山の急斜面なし。	イエロに大きなガバあり。山の畑にはない。
カワタ（石垣）	非常に精巧。フンナやアフルマイダが明確。ヘランダ・ハルガ・サガリッタの区別。	カワタは粗雑。ない場合もある。カワタの高さも低い。境界の石あり。	カワタはない。境界の石あり。
作物の種類	一筆内に極めて多様なものを植える。自給的作物が多い。クーファあり。イラフテは少ない。	多様性減少。品種も限定。クーファなし。イラフテあり。	単作化傾向。レンズマメ・バナナ・サトウキビ・トウモロコシ・ジャガイモ多い。イラフテあり。クーファなし。
傾斜	緩斜面	急斜面	平坦
洪水	フンナで対応	マルハ（洪水）の被害	マルハ（洪水）の被害
家畜	舎飼（数頭）肥育	放牧（規模小）	放牧（規模大）
市場	自給作物	自給と換金作物	自給と換金作物
畑内樹木	葉菜ミダと建材・飼料用樹木	葉菜ミダが多い	ミダだけ
野生植物	畑地内雑草・道端植物	畑地内雑草・急斜面の植物	アカシア・ウッドランドがボラナの領域に展開

状態になるようにする。こうした窪みをひとつのヘランダに三つないし四つ作る。盛り上がった周囲をモナ、なかの窪みをコルバというが、これがコンソの農耕技術の大きな特徴のひとつである。

窪みは降った雨がなかで堪水する仕組みになっている。当然、窪みのなかには水分を多く要求する作物を中心に植える。外側のモナには比較的水分要求の少ないものや木本の作物が植えられることになる。つまり、コルバにはウンダ（モロコシ）、カッパ（コムギ）、ポゴローダ（トウモロコシ）、ティニッシャ（サツマイモ）などが植えられ、外側のモナにはモカ（キャッサバ）、クルレーダ（木豆）、プニッタ（コーヒー）、ヒダナ（ヤムイモ）、パガンナ（コンニャク）、ゲショー（*Rhamnus prinoides*）、チャッテーダ（*Catha edulis*）、カッシエナ（ヒマワリ）、バラシャ（シコクビエ）などが植えられる。

そしてどんなヘランダにもといっていいほどシャラギッタ（ミダ、*Moringa stenopetala*）の木が数本植えられている。また、多くの畑には周囲にはピルビルタ（*Juniperus procera*）、コブタ（*Ziziphus mauritiana*）、オッタイダ（*Cordia africana*）、オイベッタ（*Terminalia brownii*）が植えられている。ピルビルタは外側からもたらされたものであるが、建築材としてもっとも重要な樹木である。そのほかのものはシュートを家畜の飼料にする。ピルビルタを除くとミダを含めて葉のついたシュートを伐採していくので樹木の樹幹が太り、その容姿は畑の巨大な盆栽のようになっていく。

コンソのアグロ・フォリストリーとは畑地の周辺や内部に重要な樹木を必要最小限だけ植林したり残したりするもので、井戸や泉のあるところにほんの少し林が残っている以外、まとまった森林はほとんどないといっていい。ただ、開拓最前線であるボラナの地域にサバンナがある。サバンナの野生植物をサウガメの人はよく認知していて、出作り小屋の生活ではそれらを多く利用している。けれどもパレーダやマガドでは自然とよべる場所はほとんどなく、極端にいうと一木一草にいたるまで人為の介入していないところはないといえる。栽培植物や植樹の対象になっている樹木が生える空間は、それらのものが個々には自然の産物であったとしても、それ以外は自然を極力排除する生活空間をサウガメの人びとは創り出しているといえる。なんらかの形で生活に役立つ植物以外は畑地では雑草であり、道路脇の灌木であり、これらが存在するのは限定されている。

パレーダの畑とマガドの畑そしてサガンの畑をいくつかの指標で比較した表3-1によって、サウガメの農耕上の戦略をみてみよう。パレーダの畑のなかでも集落内の畑は特異的である。集落は外周が石塁で囲まれている。かつてコンソの村同士で戦っていた時代には石塁はもっと高かったという。そして石塁は外周だけでなく内部にも内周する石塁が二つある。これは人口増加に伴って石塁の外に家を作り、それが増えてくるとその外周を石塁で囲んだと思われる。

このなかに二二六軒の家がひしめくが、一軒の家は一

円形のサウガメ村を囲う石塁の外側にあるクーファ。家畜の糞や家畜飼料の残滓を入れて発酵させ、やがて畑に入れる。

辺一三メートル内外の矩形をしている。低い石塁の上を木柵で囲う。家囲いの柵をオヒンダという。家々には門があり、誰もいないときや夜には丸太を積み上げ閉じる。オヒンダは隣合わせの家と共有している。迷路のような道が集落内にあるが、道の両脇はアフルマイダになっている。外周の外側には直径数メートルの石組みの囲いがあり、これをクーファといっている。

コンソの畑は数十種の作物を散播する混植なので、収穫は一本一本手で収穫する。小麦を収穫しているコンソの女たち。

アルマゴーニ（共同労働）で畑の除草をしている女たち。

舎飼しているコブウシ、ヤギ、ヒツジの糞や餌の残滓あるいは灰をここへ運び、発酵させてから自分の畑に入れる。したがって、クーファには所有がある。

クーファは一二四ケ所あるが、兄弟関係や親子関係で共同所有している。家からでた残滓は三日に一度くらいの割合でクーファに運ぶ。クーファの有機肥料はパレーダの畑に入れられ、土地が痩せるのを防いでいる。サウガメでは雑草取りをアルマゴーニというが、活着の弱い雑草は抜き取ったまま畑にすきこむ。モロコシの寄生植物ダワ（*Storiga sp.*）は道に放り出すが、この雑草の利用とクーファの利用はコンソの農業のすぐれた技術である。このクーファの外側にはブッシュが全周していて、そこは村の野外トイレである。ブッシュとクーファのあいだには菜園がある。

また集落内空き家あるいは家の中の空間、あるいはアフルマイダの上、カワタの上などわずかでも土のあるところでは何かが栽培されている。また、家の境界にあるアフルマイダでも高ければ途中にサガリッタをつくり、そこにタンボータ（タバコ）が栽培されるという具合である。当然、家を囲むオヒンダには蔓性の栽培植物ラハンナータ（ヒョウタン）、ポッテーダ（カボチャ）、ヒダナ（ヤムイモ）などが巻きついている。

菜園畑には集落の畑ではあまりみないトューマ（タマネギ）、テイリャ（葉キャベツ）、タンボータなどが植えられている。家のオヒンダの角には必ずといっていいほどシャラギッタ（ミダ）が数本植えられ、食事の用意のときに葉が採取される。また家の中にはプニッタ（コーヒー）が数本植えられている。これは朝の食事にかならずホラという飲物を飲むが、この材料である。プニッタの葉を少量採取して一日半乾燥して翌日の朝、臼と杵で粉にしてこれを水にいれて沸かす。塩を少量入れたものがホラであり、これは毎日飲む。

村のなかに小さな空き地があれば栽培植物を植える。タバコの葉を植えているが、コンソの人はタバコの葉は売り物で、体に悪いと言ってタバコを飲む人はほとんどいない。

COLUMN

クーファと牛糞

クーファというのは集落のまわりに石囲いでできた肥料溜である。ほとんどの家が自家用のクーファをもっている。舎飼いしているコブウシやヒツジの食べ残し（モロコシやトウモロコシの稈が多い）などや糞を掃除してここに入れる。畑の徹底した雑草取りと屋敷内をいつも清掃するのはコンソの女たちの日常である。適度に発酵して肥料として使えるようになると、これを皮袋にいれて畑にもっていく。コンソの農耕は有機肥料を使った合理的な有機農法なのである。

およそコンソの人びとの生活では無駄ということがなく利用できるものは徹底的に利用する。コブウシの糞などはその典型である。普通は舎飼いの牛の糞は肥料溜に入れて発酵させるが、別の使い方もある。私が調査中に悩まされたことのひとつにスナノミの来襲がある。下宿先の土間が古くなっていてスナノミが巣くっていた。このスナノミが夜な夜な来襲して、足指の爪の中に潜り込み卵を産むのである。ある日、畑の作業を見学していたら突如若い女が、「アゲ！　トール、モヤーレ」といって髪に挿していたアカシアの大きな棘を手にとり、私の足指に突き刺しスナノミの卵を取り出した。痛がゆかったのはこいつのセイであった。

この話を聞いた私のインフォーマントであった少年オルカイドーの指令であろう、次の日の朝、私の小屋の前に手に手にできたての牛の糞をもった子どもたちが次から次に入ってきてオルカイドーの指令のもとに土間に塗りつけたのである。これで当分、スナノミは大丈夫だという。

エチオピアの野生のミツバチはきわめて攻撃的である。調査中に追いかけ回されたことがしばしばあった。コンソの人びとはこの野生ミツバチに巣をかけさせて、蜂蜜を採る。蜂蜜入りのチャガは結婚式や大きな儀礼には欠かせない食べ物である。この巣は竹籠のように細い板状のものを編んだ円筒に牛糞を塗りつける。両端を板で塞ぎ片方に穴を開け、木の股に横に掛けておく。野生ミツバチがそれに入るのを待つのである。牛糞にはこんな使い方もある。

コンソの農耕文化はきわめて高度なもので、降水量が少なく山上から山麓までの石の段々畑という悪条件にもかかわらず灌漑施設をもっている。そしてクーファという有機農法で土壌改良を徹底的におこなっている。家々の石の炉に灰がたまるとそれをクーファの肥料と混ぜて、灰を必要とする作物のところに入れる。いずれにせよバサルト（玄武岩）という石だらけの山を見事な段々畑にしてしまうコンソの農耕技術は、まわりの自然を徹底的に利用することに長けている。クーファはコンソの農耕技術の粋であるといっても言い過ぎではない。

集落内の他の樹種も有用でないものはなく、たとえばムルガンダ（*Ficus sp.*）などが植えられ、子どもが採って食べる。集落内の栽培植物のありかたはサウガメの人びとの自然観をあますことなく表現している。それは自然開発についての徹底した合理主義であり、有用なものと無用なものの峻別が極端なかたちで具体化している。集落からパレーダの畑、マガドの畑そしてサガンの畑と順次下るにつれて、こうした姿が緩和されていく傾向がある。集落内やパレーダの畑では、きわめて多種多様な栽培植物が一筆のなかに混植される。そしてそこでは山の高度に適した栽培植物が選択される。また、同一の栽培植物でもモロコシに典型的にみられるように多品種（八品種）のものが栽培される。そしてクーファによる施肥も行われる。畑の構造つまりカワタやアフルマイダが精巧につくられ、モナとコルバが明確である。フンナによるオーバー・フロー・システムが存在する。水の湧き出るところにガバという灌漑システムをもつ。精巧な畑ばかりだから、家畜は舎飼して、飼料は作物の稈や畑のなかの前述した樹木の葉を与える。

それに対して山の中腹の出作り小屋マガドでは、山の上の畑に比べ全体に粗雑になる。まず出作り小屋は分散して存在する。栽培植物は混植されるが、パレーダの畑に比べ数は相当限定される。モロコシは三品種から四品種しかない。クーファはあるが、規模が小さい（生活時間が短いので必然的に少なくなる）。畑のカワタやアフルマイダは高さが低くなり、それほど精巧ではない。一筆の畑がパレーダに比べ大きくなるが、モナやコルバははっきりしない。これは労働投下量の問題であろう。

マガドには涸れ沢がある。一部に伏流水が湧き出るところがある。また掘れば水のでるところがあり、飲み水として利用している。だがこの涸れ沢も大雨がでるとマルハといわれる鉄砲水がでる。マガドでは涸れ沢の直前まで畑を作っているので、このマルハで畑がよく破壊される。大きな涸れ沢に入る小さな涸れ沢はいくつもあり、やはり鉄砲水がでるので、この水の調節も兼ねたガバがある。規模も長さもパレーダのものより大きい。

マガドまでくると畑をつくることのできない斜面に灌木や草があり、水が常時あるので、ここでは家畜は舎飼せずに出作り小屋で働く幼い次男や三男が放牧する。山のうえの集落の舎飼はコブウシ、ヤギ、ヒツジを数頭ずつであるが、マガドでは数十頭を放牧する。そして、パレーダの畑はクーファという有機肥料を使っているので土地が痩せないが、マガドでは畑の規模も大きく、クーファもあまり使わないので、畑が痩せる。したがって、イラフテといって放棄した畑がある。数年放棄して灌木が生えるのをまって再び畑にする。イラフテが多いのもマガドの特徴である。

サガンの畑になるとこの傾向はさらに強くなる。河岸段丘での畑はサガン川の後背湿地を含んだイエロに作られるが、共同所有の大がかりなガバが大きな畑に引き込まれている。畑はネッカタ（レンズマメ）、ムーセタ（バナナ）、アガタ（サトウキビ）、ポゴロータ（トウモロコシ）などが単作になり、栽培される。わずかにヒョウタンがポゴロータの畑で一緒に栽培される程度で

舎飼いしているコブウシやヤギ・ヒツジをたまに放牧に連れ出す。コンソの木柵や石垣は畑に家畜が入らないためだと彼らは説明する。

ある。モロコシはもうほとんど作られない。カワタやアフルマイダなど畑の石垣もほとんど作られない。したがって、隣の畑の境界は一列の石を置いて境界にしている。これをサバナといっている。

またサガン川のマルハとよばれる洪水は、イエロをしばしば破壊する。それで、サガンのイエロには放棄された畑イラフテが多い。サガンの対岸の遊牧民ボラナの領域に賃貸料を支払って現在畑を開拓中である。これは河辺林や灌木林の樹木を伐採して焼き払って、マガドの畑と同じようなものを作っている。対岸にも出作り小屋がいくつか作られ始めた。オルギレ川とサガン川の合流点からさらに五キロメートル上流でもサウガメの畑がみられる。もうこの辺までくるとサウガメ本村から山を降りて来るにしても三時間以上かかる。

ハルマレの出作り小屋は密集している。そこからでてコブウシ、ヤギ、ヒツジの家畜囲いを備えたフォーラと呼ばれる孤立した家を作る人もいる。こうしてサウガメ村にまた新しい枝村の核ができあがりつつある。サガンの農耕は山の上の畑と比べ、単作的で、粗放農業的な性格をもっている。そして栽培植物もより換金的な作物が中心になっている。家畜はマガドよりさらに大々的に放牧している。数家族の家畜を牧童が請け負い、出作り小屋で寝泊まりしながら、サガン川一帯で放牧する。

サウガメ村の家屋の模式図は第1章で示しておいたが、家畜と家屋の関係をもう少し詳しくみてみよう。サウガメ本村の各家では、コブウシ、ヤギ、ヒツジがそれぞれ一、二頭舎飼されている。本村の各家は段差のある二つの平面で構成されている。上段の平面はオイダといい、下面をアルハッタという。オイダは居住空間であり、ここにアレーダとよぶ寝泊まりする家があり、また女たちが調理や寝泊まりに使うマナもある。アルハッタにはコサという貯蔵小屋があり、それより少し大きなラーガという物置に使う小屋もある。ラーガの下はコブウシを飼うことができる広さがあり、ここに一頭から二頭のコブウシが閉じこめられている。ヤギ、ヒ

サガン川の河岸段丘で数軒の家畜ヤギ・ヒツジを放牧するサウガメの少年。

出作り小屋近くでヤギを解体して、食べきれない肉を木に掛け干し肉にする。

ツジは足に斜交いに皮紐を渡し動きを制限されながら、屋敷内で放し飼いになっていたり、係留されたりしている。いずれの家畜も基本的には運動を制限され、餌を与えられて肥育を目的にしている。とくにヒツジの肥育に関しては、頸や腹や尻尾に脂肪が蓄積して垂れ下がるほどのものにして市場で売る。家畜が肥育されて市場で売られると、マガドやサガンで放牧している家畜のなかから選抜されて、補填される仕組みになっている。

サウガメの放牧ではコブウシは去勢をするが、ヤギ、ヒツジは去勢をしないのを原則にしている。したがって、放牧中の休憩時間では雄ヒツジや雄ヤギの激しい性行動がみられる。サウガメ本村で舎飼いされる家畜は搾乳をすることはほとんどない。しかし、マガドやサガンでは搾乳をおこない、ラーダ（バター）をとって、残りのアンナ（ヨーグルト）をよく利用する。家畜に関しては、山の上ほど農耕に内部化され、山の下ほど農耕とは別個に並立するかたちになり、遊牧的といえる。

3……生活と労働

サウガメの生活空間はその外側との境界がきわめて明確である。つまり東西と北側はコンソの別の村の畑が境界になっていて、南側だけが灌木のはえるサバンナに開いている。だから、この山の上に住むサウガメの人びとにとって野生植物や野生動物と接触する自然との関係は限定されているといえる。

サガン川にはときにはワニも出現するが、それほどの脅威ではない。むしろ脅威なのはマルハと呼ばれる洪水で、これが起こると河岸段丘の畑イエロは相当破壊される。大型の哺乳類などに出くわすのは、遊牧民ボラ

サガン川に私が来ていることを知り、私に会いに来た少女二人。

ナの領域にでかけたときだけである。日常的には害鳥としての鳥類以外ほとんど接触がない。つまりサウガメの人びとの生活空間とは山の上の稠密な集落とその回りに同心円的に展開する石の段々畑とそのなかに栽培される作物および選択的に植樹された数種類の樹木だけの世界であるといっても過言ではない。

もちろん道の脇や断崖や涸れ沢のまわりには野生植物があるが、それらは除草される対象ではあっても、保存されたり保護されたりするものではない。もちろん、サウガメの人びとは野生植物を民間薬として多く利用していて、これらの野生植物も採取の対象である。これらはどうしようもなく侵入してくる雑草と同じで、生活上に占める意味は小さい。サウガメの人びとにとっては草本であれ木本であれ、作物としてまた有用樹木として高度に選択されたものだけが畑に存在する。

サウガメの農業とは、自然の要素を選択的に受容しかつ改変し、それ以外の自然の要素を極度に排除する特質をもっている。こうしたあり方は稲作文化に特化して極端に人工的環境を創出する中国農民と将来比較してみると興味深いであろう。ともあれ、サウガメの人びとはこの創出された人工的環境のなかで生活を営み労働をおこなっている。その日常を素描してみよう。

雨季と乾季の交替にともなって、農耕はそれぞれの作物の種類によって多少の差異をもちながら播種から除草そして収穫の作業をおこなう。つまり三月から四月の雨季のはじまりに播種し、七月から八月にかけての乾季に収穫する。もっともキャッサバなど木本のものやタロイモなど乾季・雨季にそれほど左右されないものもある。また高度差によって播種や収穫がかなりずれるので、季節と労働内容が一元的に決まるわけではない。そしてサウガメの畑はきわめて多くの栽培植物を混植しているので、畑仕事がない日はない。

普通、サウガメの女たちは早朝に食を終え、朝八時ごろになると、一枚のヤギの皮にシルボータ（除草やキャッサバを掘るのに使う先が鉄の掘棒）を入れて畑に向かう。播種や収穫を共同で除草するときなど大きな労働力が必要なときは男も一緒に行くが、普段は女だけが畑にいく。一枚のヤギの皮をコラッタというが、ときどきこれにクーファで熟成した肥料をいれて畑にもっていく。灰を入れていく場合もある。女たちは畑で季節に応じてさまざまな仕事をするが、モロコシが風で倒れないように数本を円錐状に結んだり、モロコシの根に寄生するダワ（*Storiga sp.*）を取り除いたりする。あるいはトウモロコシやモロコシの未熟なものを取り去ったりする。主たる仕事はやはり除草である。仕事が多いときは、ヒョウタンに醸造ビールである

昼ご飯のチャガ持参で畑仕事をするサウガメの女。サウガメの人たちは本当によく働く。

子どもたちも大人の真似をして小麦の脱穀をしている。サウガメの子どもたちもよく働く。

チャガをいれていく。昼ご飯をピーファというが、これはチャガが中心である。

収穫など重労働を伴うときは、アルマゴーニといって一種の結いのような共同労働をする。このときは、キャッサバや豆類を煮たものをチャガと一緒に用意する。普段は昼近くなると家に戻る。そのとき、舎飼している家畜のため、すでに穂刈りしたモロコシなどの稈や雑草のうち家畜の好むものをコラッタに入れて帰る。

集落では、何軒かの家が、一週間かけてチャガを造っている。畑に出かけない男たちや老人たちが、おもいおもいの家で金銭を払ってチャガを飲んでいる。畑に出かけない男たちは聖地モラや道で紡錘車をつかって糸を撚ったり、聖地モラにある共有の地機で織物を織る。

どの家も通常マガドやサガンに出作り小屋をもっているので、何軒かの家では、ヒョウタンにチャガをいれ、ハルバ（寝るときの一枚の布）を槍先にくくりつけ出かけていく。出作り小屋では、その家の比較的大きな子どもや第二夫人などが泊まり掛けで仕事をしている。彼らのためにピーファとしてのチャガを大量にもっていくこともある。午後になると再び女たちは畑に出かけていく。夕方四時ごろ、同じようにコラッタに舎飼の家畜のための飼料とその日の夜食べるキャッサバや豆類を収穫してもって帰る。夕方、家に帰ると家畜に餌をやり、キャッサバや豆類をアレーダやマナのなかにある炉で土器を使って長く煮る。用意が終われば、炉の火はそのままで皆寝てしまうのが日常である。

ここに記した以外にもいくつか重要な仕事がある。それは朝と晩のほぼ二回、集落から三〇分ほど下ったところにある井戸（これは政府の援助でできた自噴の井戸で、蛇口をひねれば容易に水が得られる）に水を汲みにいくことである。これは多くの少女の仕事になっている。

アルマゴーニ（共同労働）で畑の石段積みをする。

棒で叩いて小麦の脱穀を共同で歌を歌いながら行う。一種の結いである。

また集落にいる少年は朝には舎飼しているコブウシ、ヤギ、ヒツジを連れて放牧にでることもある。集落の回りでは豊富な草はないが、道路脇や急斜面の草を食べさせる。いたるところが畑であるので、他人の畑に入らないように細心の注意が必要である。また、夕方には畑の実をとった残りの稈だけでは足らない場合は、少年たちが樹木や雑草を刈り取りにいく。この日常の記述では、大人の男たちがなにもしてないように

朝、山上の集落から下に100メートル下った井戸に水を汲みに行く少女。夕方にもヒョウタンに汲みに行くので日に2回の水汲みが少女の仕事である。

みえるが、そうではない。機織り、糸紡ぎのほかに家の造作・修理や新しい畑の耕起など何かをおこなっている。

コンソ周辺の他のエスニック・グループからは、コンソは異様な働き者とみられている。これがきわだった形ででてくるのは、マガドやサガンでの出作り小屋での生活である。酷熱のサガンでの収穫や収穫物の運搬、あるいはマルハによって破壊された畑の修理などはサウガメ本村での仕事とはくらべものにならないほど苛酷である。しかし、サウガメの人びとが、この酷熱のサガンで「これこそがコンソだ」と誇らしげに語るのは、コンソの文化の特異性をいかんなく表現している。

4……コンソの農耕の特色

エチオピア南部の小山塊に住むコンソの人びとの農耕と家畜飼養について概観してきた。そしてコンソの日常生活がどのように営まれているかについても簡単に素描を試みた。コンソの農耕と家畜飼養に焦点を合わせた調査はまだ多くを述べるほどデータを集めていない。そこで現在の段階でのまとめと今後の見通しについて若干述べて結論にかえたい。

まずコンソの人びとが居住し農耕を行い家畜を飼う空間は、きわめて限定された小山塊であり、そこは玄武岩を中心にした石の多いところであり、農耕にはけっして有利な土地ではない。このなかでコンソは、ストーン・テラシングの農耕技術を見事に発展させている。

このストーン・テラシングは周辺の別のエスニック・グループにはみられないものであり、少なくともエチオピア南部ではコンソだけがもつ優れた農耕技術といえる。このストーン・テラシングはたんに石を積み上げる精巧な技術というばかりでなく、石で囲まれた畑の下にはフンナと呼ばれる排水施設やガバと呼ばれる灌漑施設も含んだ複合的な技術である。畑の内部は少ない降水量を考慮し、保水できるようにモナとコルバを組み合わせて使う。また彼らがクーファとよぶ家畜飼料の残滓や家畜の糞を発酵させた有機肥料を使う技術も周辺にはみられないコンソの優れた農耕技術である。

農耕をおこなう空間を上述のように人工的につくりかえる技術があればこそ、このなかでおこなわれる栽培植物の管理技術が大きな意味をもつことになる。またそれに随伴しておこなう家畜管理技術もいうなれば、農耕の論理に内部化するかたちで発達させている。

栽培植物の管理技術の点からいうと、コンソの農耕の特徴はきわめて多様な栽培植物が栽培されていることである。ひとつの畑の単位であるヘランダのなかに二〇種類を超えることは普通である。それと各栽培植物にそれぞれ多様な品種が維持されていることもおおきな特徴である。これはコンソに比べるとはるかに肥沃な土地に住むアリの人びとのエンセーテの多様な品種の維持の機構ほどではないが[2]、コンソでは多くの栽培植物について、それぞれがいくつかの品種をもっている。栽培植物の多様性とそれらの品種の多様性の維持というふたつの戦略は、比較的不毛な土地で農耕をおこなうコンソにとって重要な意味がある。

こうした栽培植物を管理や栽培技術、家畜との関係、鳥害の程度そして高度により、三つの種類の畑に適度に組み合わせて栽培している。それは栽培植物の管理の程度や収穫量あるいはその作物の生活上の必要度に応じて、きわめて精巧につくりあげられているシステムである可能性が高い。これはひとつの栽培植物の栽培技術や種子や根茎の保存というレベルにとどまらず、畑の位置によるさまざまな栽培植物の組み合わせや播種量まで含んだ高度な技術であることが予想される。

コンソの徹底的に栽培植物を管理する態度は、他の領域にまで影響を与えている。そのひとつは有用樹木に対する彼らの接し方にみられる。建材や薪あるいは食器や臼や杵などに使われる有用樹木は畑の周囲や内部に植樹される。その代表種は葉菜樹シャラギッタと建材樹ピルビルタである。これらの樹種は新しい畑の開墾後には計画的に植樹される。その他数種の樹木も畑に残されたり植樹されるが、薪や葉菜や家畜飼料のためシュートを伐られるので、樹幹が異様に太くなる。有用樹木の盆栽化といえるような扱い方である。徹底的な管理は畑の除草のみならず集落にもおよび、集落内の空き地にもわずかな栽培植物が植えられる。そして、除草と無用植物の排除は徹底的に行われる。今後はコンソのこの有用樹木に対する認識や分類を調査しなければならない。同時にボラナ地域にあるサバンナ地帯の野生植物利用も調べる必要がある。また、燃料として必要な薪量や舎飼に必要な飼料の量と、畑内の有用樹木のシュートから得られるこれらの量との関係も考えていく必要がある。

コンソの有畜農耕における家畜は、ヤギ、ヒツジ、コブウシと家で飼うニワトリである。ニワトリはときどき食用にされるのと市場へ卵をもっていく程度であり、あまり大きな役割はない。家畜飼養の大きな特徴は、ヤギ、ヒツジ、コブウシの舎飼と放牧の併用である。この二つの形態はコンソの農耕生活と深く連関している。コンソは家畜を肥育して市場にだすための舎飼と多数の家畜を飼育するための放牧を満足させるために、巧妙な方法をあみだしている。

多数の家畜のための飼料は、集落の下方の農耕不適地やボラナ地域のサバンナ地帯の草を利用する。ここには出作り小屋が多数あって、次男以下や第二夫人以下の労働力を利用して放牧する。家畜の飲み水が得やすいことも重要な意味をもっている。それは同時に未開拓地の開墾もかねている。

水の得にくい山の上の集落では少ない頭数を舎飼する。舎飼ではその糞や残滓の飼料をクーファという有機肥料にする。家畜飼料は山の上の集落近辺の畑の栽培植物の不用部分や有用樹木の枝葉を使う。家畜飼養の方法も農耕の論理に内部化しているといえる。コブウシ以外は去勢しないが、家畜の管理技術についてはまだ未調査な部分が多く、家畜の識別や放牧技術は今後の課題である。

こうしてみてみるとコンソの農業がいかに彼らの深い知識の裏付けがあって成立しているかを予想することができる。コンソとは環境も文化も異なるが、同じエチオピア南部のアリの農耕文化を研究している重田眞義は在来農業科学について次のように指摘している[3]。アフリカの在来農業科学に対するさまざまな解釈は、近代農業科学のドグマに支配されている。さらに在来農業科学を適応主義的な解釈に終わらせてはいけないのではないか。そして説明原理として慣れ親しんできた二元的な価値から脱却して多元的な価値を認めることが重要である。そして、動態としての在来農業科学を住民の視点とともに解釈していく必要があると主張している。

コンソの人びとの農業に対する知識や技術を概観してきたが、この世界は「農民も実験する」というより「農民は実験する」ということを明確に教えてくれる。

注

（1）Adams, W. M. 1989. Definition and Development in African Indigenous Irrigation. Azania 24: 21-27.

（2）重田眞義「ヒト—植物関係の実相——エチオピア西南部オモ系農耕民アリのエンセーテ栽培と利用」『季刊人類学』19—1、一九八八年、一九一—二八一頁

（3）重田眞義「アフリカ農業研究の視点——アフリカ在来農業科学の解釈を目指して」高村泰雄・重田眞義編『アフリカ農業の諸問題』京都大学学術出版会、一九八八年、二六一—二八五頁

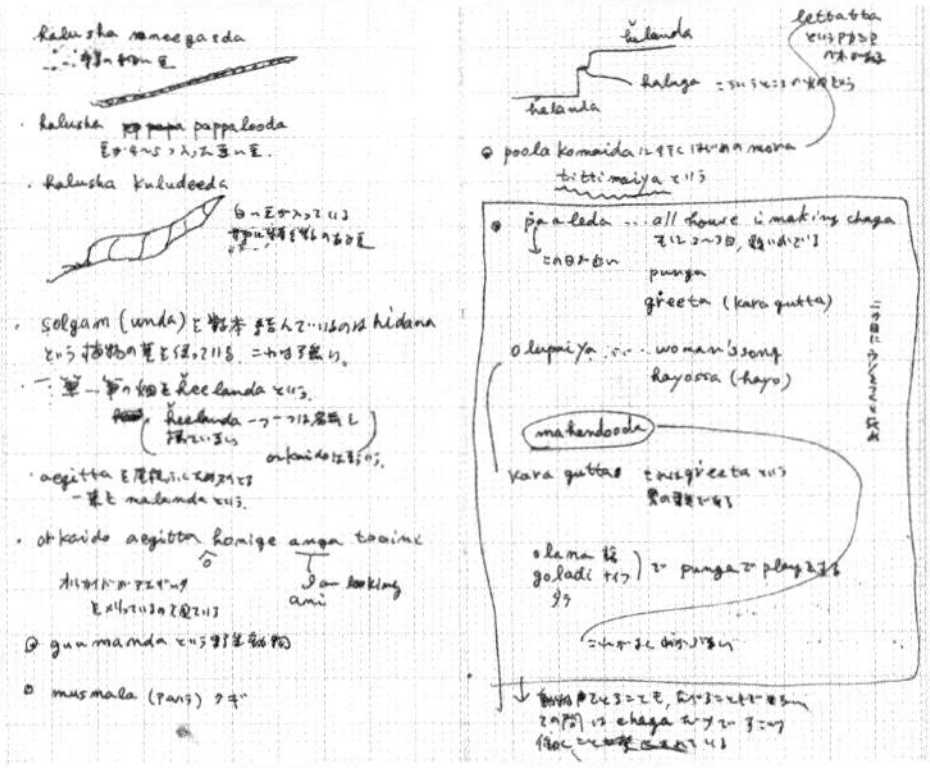

第4章

屋根の上の土器

サウガメ村の密集した家。真ん中に木柵がみえるので２軒の家になるが、屋根の上に土器が載っているので２軒とも家長は長男の家である。屋根の上に土器が載ってなければ家長が次男以下の家なのである。かつての日本と同じようにコンソは長男子優先相続の世界なのである。

サウガメ村のなかを歩くと下半分が割れた土器を屋根の上に載せている家と何も載ってない家があることに気づく。縄文土器のような装飾土器を載せている家もある。土器が本来の用途以外の威信財として使われていることを発見し興奮する。コンソのエスノ・アーキオロジーの始まりである。

1……サウガメ村集落図

サウガメ村のガイヤナ家に下宿することになってコンソの生活様式や農耕について生態人類学的調査を始めた。コンソ語も何もわからないので身の回りのさまざまな道具や建築物あるいは畑の栽培植物などの名称の習得に努めた。それでも時間は無限にあり、村や人びとの行動を観察することにして村中を歩きまわっていた。コンソの村は超過密社会で城塞のような村のなかに家々がひしめき合っている。

何軒の家があるかわからなかったので、まず集落図を描くことを考えた。長さと方位を測ることができれば、このサウガメ村の平面プランを描くことができる。調査道具は最小限のものしかもってきていない。測る道具ではコンベックスと磁石をもってきていたが、コンベックスではせいぜい五メートルくらいしか測れない。そこで、コンベックスで測っておいた直線五〇メートルを何歩で歩くか何回も計測し、私の一歩の歩測が七二センチメートルであることを割り出した。これで方位と長さを測る道具ができ、集落図を描くことができた。

この図が**図4-1**なのであるが、この集落図を描くのに一ヶ月を要した。この過程で「屋根の上の土器」

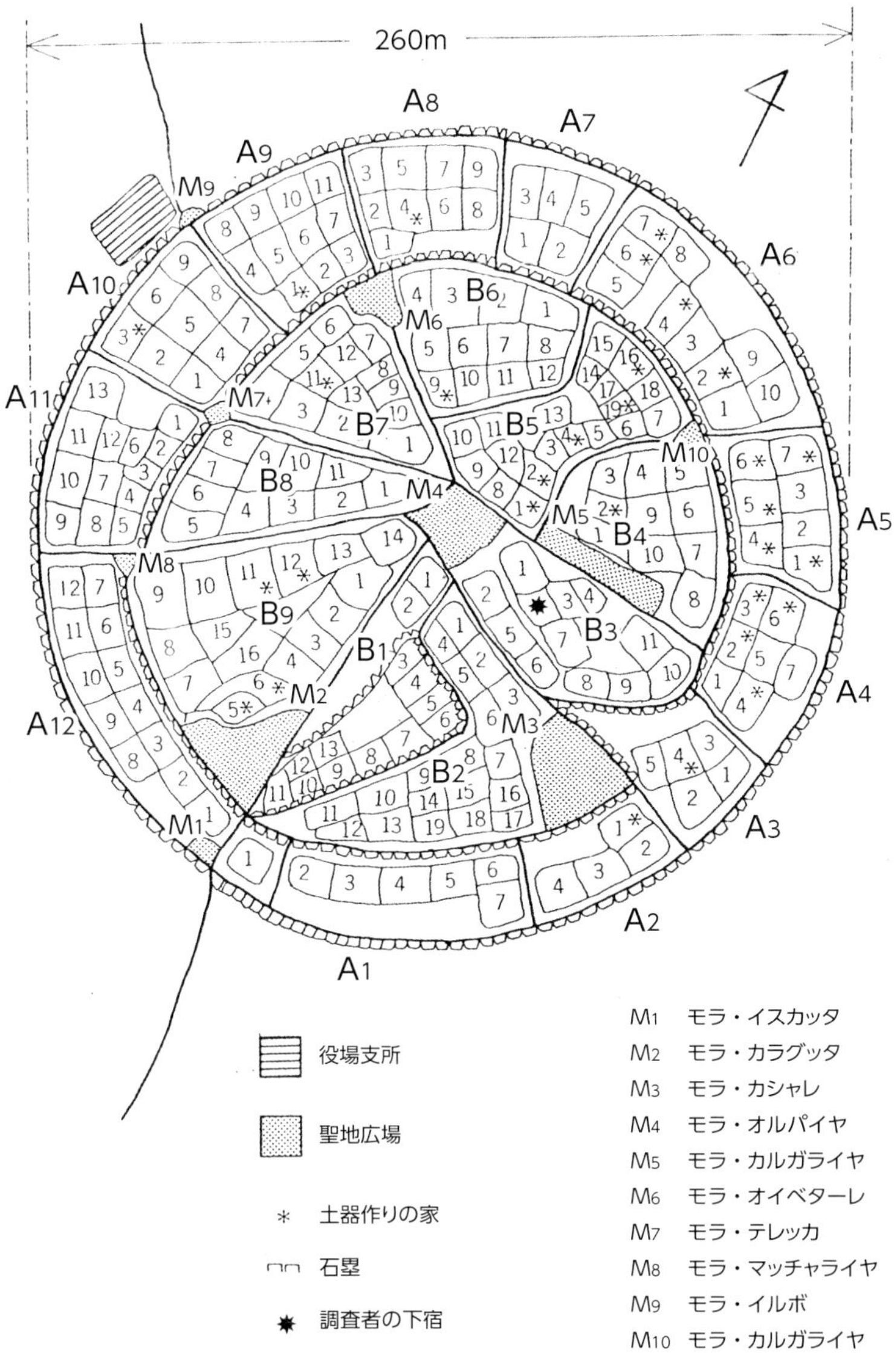

図4-1　石塁に囲まれたサウガメ村集落図。M1 から M10 は聖地モラ。外周のなかの家を A1 から A12 に分け番号を振っている。内周の家を B1 から B9 に分け番号を振っているのは調査のために便宜的に調査者がつけたものである。

という問題を発見した。サウガメ村は二二六軒の家からなる蜂の巣のような円形の城塞集落である。この二二六軒の家に屋根の上に土器が載っている家と載っていない家がある。またその土器には縄文土器のような装飾土器を載せている家もある。屋根の上の土器が何らかの社会的役割を果たしていることは予想できたのであるが、この解明には相当の時間がかかった。

サウガメ村のなかでかなり高い地位の家の屋根の上の土器。装飾土器のなかに二つのダチョウの卵を入れている。棒状の水晶を挿している場合もある。

2……問題の所在——屋根の上の土器

コンソは工芸的技術をもったエスニック・グループとして近隣に鳴り響いている。なかでもコンソの土器は石工技術や機織りとともに有名である。コンソのなかでも東部のいくつかの村で土器作りを専業に行う人々がいて、これらの村で作られたさまざまな土器がコンソの中だけではなく敵対する遊牧民ボラナのなかにさえ商品として流通していることもコンソを語る上では重要である。また村によっては鍛冶屋が多いところもあり、この鍛冶技術も無視できるものではない。

さてこの土器であるが、ここで述べるのはその製作過程でも商品として市場に出され流通する側面でもない。商品としての土器、流通する土器の側面については後の章で詳述するとして、ここでは、この土器がコンソの村落内の社会的関係を表示する重要な役割を担っていることを示したい。コンソで作られた土器が貯蔵や煮沸の道具として使われるだけではなく、また市場に出されて現金を得る重要な商品となるばかりでなく、それらとは全く異なる使われ方をしている側面に焦点をあててその意味を解明してみたいというのが本章の目的である。この問題の所在を明らかにするにはまずコンソの村の集落構造を述べなければならない。

筆者がコンソの三四の村のなかで集中的に調査したのは東部のサウガメである。このサウガメの円形の集落の中心近くにガイヤナという男の第二夫人の家があり、その家の一角の小屋に住み込んで調査した。

コンソの家は一般的に次のようになっている。１章の**図1-1**（18頁）は模式的に表現したものであるがこうした家に通常拡大家族が居住している。矩形が多いが密集して隣の家との境は木柵を共有するため、しばしば屋敷は歪んだ形をしている。この木柵に囲まれた単位をティガと称している。この木柵（オヒンダ）はかなり高く二〜三メートルに及ぶ。このオヒンダにハラと称される門があり、ここから人や家畜は出入りする。門を入ると中の平面は二つに区切られていて高さが異なる。低い面と高い面はそれぞれアルハッタとオイダと呼ばれ、前者は家畜を繋ぎ、収穫したモロコシなどを貯蔵する小屋（コサとラーガ）がある。高い面はコンソの伝統的家屋であるマナやアムハラの農耕民から伝播したと思われるアレーダとよばれる家屋が家族数に応じて建てられている。つまりオイダは人の居住する空間、一段低いアルハッタは家畜や穀物の空間

クシッタ（次男以下の人びと）の家の屋根の上には土器が載っていない。サウガメ村ではクシッタの家は全体の半数くらいある。

ということになっている。

オイダには通常二〜三のアレーダやマナがあり、拡大家族であれば、ここに上の世代の妻、下の世代の妻を中心に生活が営まれる。乳飲み子や幼児は母と一緒であるが、少し大きな未婚の娘や子どもは別のアレーダに寝泊まりする。男はオイダの中のコサの中や別にアレーダがあればそこに寝泊まりする。ポンゴラと称される若者は、集落のなかにある広場モラの一角に建てられている若者の家であるバフタに寝泊まりする。しかし現在ではこのモラのバフタはないところが多くサウガメでは中心のモラに二つあるだけである。

こうしたティガが木柵を共有しながら、さながら迷路の如くつながり、全体として稠密な集落を構成している。さらにそれが石塁の町と言われるように石の円形の石垣に囲まれている。サウガメではこの円形の中心に向かう七本の道と、集落を一周する円環をなした二つの道がティガとティガを結ぶ主要な通路になっている。この木柵で囲まれたティガは基本的には拡大家族の居住する単位である（多くの妻をもっている男は別にティガをもつことがあるが）。こうした道の結節点にモラと呼ばれる聖なる広場があり（**図4-1**参照）、男たちにとっては綿を紡いだり、機織りをする場である。こうした村の内部の迷路のような道を辿り、ティガを訪ね歩き、人々は近隣関係を保っている。

さてこうした集落の内部の家の配置はコンソにかなり一般的であり、村の門を潜って家々を訪ねるとティガが山の頂上から階段上に所狭しとひしめいている。そしてティガと土器の関係を示す、ある現象にすぐ気がつく。それはティガを構成する建物群の屋根の上に土器の上半分がさしてあるからである。表題が「屋根の上の土器」というのはこの理由による。さらに注意深くティガの土器を観察するとティガによってその在り方に変異があることがわかる。それを分類整理すると次のようなパターンとして把握できる。

1. ティガを構成するすべての建物群（オイダのマナ、アレーダ、コサ及びアルハッタのコサ、ラーガ、ションガ）の屋根の上に半截の土器を載せている。
2. ティガを構成する建物群のなかのオイダにある居住の建物アレーダあるいはマナの上だけに半截の土器がある（一部アルハッタのコサにもあるときがあるが）。
3. ティガを構成する建物群のなかでオイダの居住する建物マナあるいはアレーダの一つだけ土器がなく、そのほかのものにはある場合がある。
4. 上記の１・２・３のいずれにもいえることであるが、特にオイダにある建物の屋根にある土器が装飾土器である場合がある。通常過剰な把手と男根で装飾されていて、わざわざ初めから土器の上半分を作ったものであることが明白である。他の屋根の上の土器は日常的に使っていると思われる土器を上下に半分に壊して、その上半分を屋根に載せている。つまり装飾土器は土器として使えない上半分であり、土器を壊したものではない。
5. ティガを構成するあらゆる建物群のいずれにも土器が載ってない。

以上が観察から抽出したティガと屋根の上の土器の関係である。問題はこれらがサウガメの社会の何を表現しているかである。土器が実用や商品としてではなく、サウガメの社会を表現する象徴的道具としてどのように使われているかを解明するのがここでの主要なテーマである。

3……サウガメの集落構造と社会構造

サウガメは現在三つの集落からなっており、それぞれサウガメ、ブソ、サラーレと呼ばれる。ブソとサラーレはサウガメから分離してできた集落で、親村であるサウガメから余剰人口が徐々に移動し家を作り増えていったものと思われる。もともとコンソでは遠い畑には出作りの小屋を作る習慣があり、そうしたものが核となって発達したものであろう。両者とも四〇軒ほどの家がサウガメと同じような集落構成をとりながら日常的にも、行政的にも親村と密接な関係をもっている。しかしここではこれらの枝村については省略する。

図4-1はサウガメの集落構造を表しているが、屋根の上の土器に関係する集落の内部構造について説明しておこう。この図では集落内の道と広場モラとティガを表現しているが、外周の道に沿ってその外側に石塁が巡らされている。外部からここに入るには南の聖なる広場モラ・イスカッタにある門（ハラ）と西北の聖なる広場モラ・イルボにある門（ハラ）を通らなければならない。石塁は内周の道、さらに区画B1及びB2を囲む道にも巡らされている。図の区画とティガの番号は調査の便宜の上から道で囲まれた領域を単位として筆者が付けたものである。サウガメの老人のインフォーマントの伝承によれば五〇年前・六〇年前にはB1及びB2に囲まれた石塁の中だけしか家がなかったという。人口が膨張し、やがて内周の石塁に囲まれたところまで村は拡大し、さらに最近外周の石塁の範囲にまで拡張したという。この伝承の真否は年代こそ明確ではないがありそうなことである。

ほかの伝承でも、例えばサウガメの南はサガン川に至るまでサウガメのテリトリーであり、降りていく山の中腹や頂上に分散して各家の出作り小屋があるが、こうした出作り小屋はサガン川を眼下に見下ろす地点にまで拡張している。しかしサガン川にもっとも近く、敵対する遊牧民ボラナとしばしば衝突するこの出作り小屋は現在の世帯の主要な働き手たちが作ったものであり、古くからのものではない。遊牧民ボラナとの対立が深まり、ボラナによる牛の襲撃、コンソによるボラナの領域への農地の拡張による侵入が繰り返されているのは最近のことであるらしい。

この円形の村・サウガメの周囲に彼らの石のテラシングをした畑が展開するが、北側・東側・西側は別の村であるガホ・ゲラ・カシャレが迫っているので、主として彼らの畑は南側に長く展開していくことになる。さらに東側のブッシュの中の少し広いところに何人かで共有している土器を焼く施設がある。それ以外は階段状になった石のテラスがえんえんと続く。テラスの畑にはモロコシ・トウモロコシ・キャッサバなど多様な栽培植物が混植されている。

さてサウガメの二二六軒のティガのうち三〇軒は土器作りを専門にした家である。ほかに鍛冶屋が一軒ある。こうした家は畑をほとんど所有しない。これ以外の家は畑をもち農耕を主とする農民である。

こうした彼らの生活を律している社会組織には大きく三つのものがある。近隣組織・親族組織そしてファライダと呼ばれる東クシ系の遊牧民に共通に見られるガダ組織のコンソ・タイプである。近隣組織は元来コンソの社会にあったものではなく、エチオピア政府の末端組織カバレがコンソの三四の村に置かれ、カバレの下に作られたものである。**図4-1**の聖なる広場モラ・イルボの外側にカバレの仕事をするマサラベット（役場支所）がある。ここでカバレの行政的な仕事が全て行われ、ここには牢屋もある。一九九一年五月の政変でこのカバレ組織は崩壊したといわれるが、コンソでは名称もそのまま使われ、行政的なレベルでは同じような機能を果たしていた。中央政府からの通達・連絡、税金徴収、徴兵など強い権限をもっていてマサラベットには監禁小屋もあり、司法権の一部さえもっている。しかし現在ではこの組織は流動的で、混乱のなかにある。

サウガメではカバレの行政組織は七人のメンバーと数人のミリシャ（軍人）から構成されている。この七人は近隣組織カンダの代表であり、カンダはモラを中心にした近隣組織である。カンダの構成は**表4-1**に示すとおりであり、モラの回りのティガから構成されている。さらに分村であるサラーレとブソは一つのカンダとみなされ、七つのカンダになるわけである。政府からの通達や税金などの重要な問題があるときはカバレは村の男全員による全体会議を招集し、会議（ツビツバ）を聖なる広場モラ・オイベターレで行う。カンダごとのツビツバも各モラで行われることがある。カバレのメンバーは定期的に会合をもっているが、ただし村のなかで土地争いや喧嘩があった時はメンバー以外の長老を呼んで裁定を決めているようだ。その長老とはファライダの三つのグループの代表三人である。さらにこのカバレの長は実は後ほど述べるが、クランの一つアルガマイダのポゴラの一人であるアッタマ・アイラッテであり、カバレの組織も伝統的なものと外部から新しく入ってきた制度との融合を示している。

表4-1　近隣集団の構成（広場と所属の区画を表す記号は図4-1に対応する）

カンダ	構成
モラ・カシャレ	Al(except A1-1), A2, A3, A4, B1, B2
モラ・カルガライヤ	A5, A6, B3, B4, B5
モラ・オイベターレ	A7, A8, B6, B7, some of A9 and A10
モラ・イルボ	A9, A10, A11, B8
モラ・マッチャライヤ	A12(include A1-1), B9
枝村・ブソ	ブソの各家
枝村・サラーレ	サラーレの各家

次にコンソの親族組織であるが、コンソは九つのクランに分かれている。あるクランに属すれば婚姻は所属するクラン以外の者と結婚しなければならないという族外婚の規則をもっている。実際二二六軒のティガの主要な夫婦（拡大家族の場合は中心的夫婦、また妻ないし夫が死亡している場合は除く）一九九例を調べてみると、その規則は遵守されていて例外がない。クランの継承は父系的であって、父方居住制であるので女性が村内あるいは村外に婚出することになる。ちなみにサウガメの通婚圏を示しておくと**表4-2**のようになる。村内での通婚が八四・四％と高く、婚姻の閉鎖性を示している。

サウガメのなかのクランの分布を示しておくと**表4-3**のようになる。このクランをコンソ語でカハとい

表4-2　サウガメの村内婚と村外婚

妻の出自した村		比率
村内	サウガメ	164(　82.4%)
	枝村・ブソ	3(　1.5%)
	枝村・サラーレ	1(　0.5%)
	小計	168(　84.4%)
村外	ガホ	9(　4.5%)
	ゲラ	6(　3.0%)
	ファーシャ	4(　2.0%)
	マチャゲ	4(　2.0%)
	ガサルギョ	3(　1.5%)
	その他	5(　2.5%)
	小計	31(　15.6%)
総計		199(100.0%)

表4-3　サウガメの男女の帰属するクラン（旅行中や出作り小屋居住は除く）

クラン名	男	女	計
ケールディッタ	72	42	114
アルガマイダ	29	25	54
サウダッタ	23	26	49
トーグマレイダ	21	27	48
マーロダイダ	15	22	37
イシャライダ	15	15	30
パーサンダ	11	14	25
マハレイダ	7	12	19
ティグセイダ	7	10	17
オコドマイダ	4	3	7
計	204	19	400

うがサウガメでこれを聞いてみると表にあるように人々の話と異なって一〇のカハが聞かれる。これは次のような事情によっていると思われる。つまりカハの下にポゴラといわれる名称がある。これはあるクランに帰属したティガが同じ場所で九代以上続いたときに授かる家の敬称である。これはコンソの別の村にも存在するが、このポゴラのなかでもいわゆる名家といわれる家があって、それらのティガが家の名前をもっている。例えばカバレの長であるアッタマ・アイラッテはアルガマイダというクランに属するが、このクランのなかにサウガメだけで三つのポゴラがあり、それぞれポロケ、サタレ、シッビラという家の名前である。ポロケがアイラッテの家の名前であるが、ポロケはアルガマイダのなかでは有力なポゴラである。ポゴラを継承するのは長男であるが、次男以下のティガもこのポゴラに属するといわれているので、これは一種のリネージに相当するものかもしれない。このポゴラの一つがクランと同じように考えられていて、オコドマイダはクラン・ケールディッタに所属するポゴラの可能性があり、クランではなくリネージなのかもしれない。これがクランが一〇となる理由であろう。

このポゴラにも大きなポゴラと小さなポゴラがあり、クランの中での位置が異なる。それを象徴的に表すのが屋根の上の土器とダチョウの卵である。その関係については後述するが、この九つのクランはそれぞれ起源に動物・植物をもっていて、それ以外にコンソのいろいろな事物（月・動物・道具・道など）が固有のクランに帰属するといわれている。

九つのクランのなかでもっともサウガメで多いのはケールディッタであり、順次アルガマイダ、サウダッタと続く。この三つはやはり村のなかにおける勢力も強い。ポゴラは全部で七軒あり、次に示すとおりである。B1―12、B2―6、B2―7、B5―10、B6―2、B7―7、B9―7の七つの家であるが、これらの家が九代以上続いて、この称号をもっている。

ただ村の成り立ちとの関係でいうともっとも古い石塁で囲まれたB1、B2のなかには一つのポゴラしかなく時間的整合性がない。これはポゴラが実際には世代深度として九代以上続くということではなく、兄弟のティガも含めたティガの数で九軒以上という計算もするらしい。いずれにせよB1―12以外のポゴラは小さなポゴラ（ポゴラ・シャッカ）といわれている。こうした親族組織のなかに拡大家族が存在するのだけれども、クランへの帰属については父系的に継承される。一つのティガには通常拡大家族が住み、ティガや畑などは長男優先相続がなされる。もちろん次男以下についても相続があるが、それは長男に比べてはるかに少ない。次男以下は結婚して新しくティガを作ることになるが、その援助は婚資を含めて長男がする。

サウガメの社会では親族名称とは別に長男（ガルタ）と次男以下（クシッタ）を区別する言葉があり、それは重要な意味をもっている。ガルタとクシッタの差は財産分与にとどまらず、サウガメの社会生活のなかのさまざまな局面に現れてくる。例えばサガン川の出作り小屋で放牧に携わる子どもはほとんどクシッタであり、もっとも辛い仕事に従事させられる。出作り小屋ではサガン川の畑を彼らの姉妹などが耕作し、子どもや少年・少女だけで生活している場合が多い。ここは遊牧民ボラナとの接触地点であり、放牧や耕作はきわめて危険な仕事である。乾季には出作り小屋から貯蔵した食料や畑で作っているサツマイモやキャッサバを高度差一〇〇〇メートルちかくあるサウガメまで運ぶ。またサウガメで舎飼しているコブウシやヤギ・ヒツジを売れば、出作り小屋から補給される。こうした仕事も次男以下の子どもや少女の仕事である。

こうした労働の側面だけではなく、遊びのような側面にもこの差別はある。夕方から夜にかけ子どもや少年の歓声が聖なる広場モラから聞こえてくることがある。これは一種のボール投げ遊び（クレイラ）であるが、ものを高くほおり投げて取り合うもので、ガルタとクシッタに分かれてゲームする。連続五回続けてボールをとると独特の歓声があがる。こうした遊びなどを通じて自らがガルタであるかクシッタであるかを認識していくようだ。

このガルタ・クシッタが実は屋根の上の土器とも重要な関係をもっているのである。最後にもう一つの重要な社会組織を簡単に述べておこう。それはファライダとよばれるもので、東クシ系の遊牧民のなかにかなり広範にみられるガダという政治組織のコンソのタイプである。ガダは一種の年齢集団でいくつかの年齢集団の政治的役割が異なるが、上部の年齢集団ほど政治的役割は大きい。カバレ組織が浸透する以前には厳然と機能していたようであるが、現在ではかなり形骸化し意味を失いつつある。クランのカハに対してファライダにはカリムという言葉がある。このカリムには三つあって、ヒルバ、カールグサ、メールグサである。かつてファライダの制度が厳然と実行されていたときは一つのファライダが九年間サウガメの政治ばかりではなくコンソ全体を政治的に統合する役目を担っていた。九年間ヒルバが権力や祭祀をつかさどれば、次はカールグサそしてメールグサと回り、またもとのヒルバに帰る。コンソの人はこの三つのファライダのどれかに帰属していて、父系的に継承されるようだ。つまりヒルバの子はヒルバというように。そして各村にはこのファライダの代表がいてそれぞれブルショータ、ヘリッタ、ショロゴータといわれる。村での紛争や村外の紛争、さらにはコンソ全体の問題はこの代表たちによって解決する仕組みになっていた。

族外婚以外の婚姻の規制もこのファライダの制度の一部であった。つまり例えばヒルバがコンソを支配しているときは、帰属がヒルバのものだけが結婚できるのである。九年間で支配の期間は終わるので三つのファライダだから二七年間で一巡する。支配している初めの一年で生まれた子どもと九年目で生まれた子どもは次の支配の期間つまり一八歳から二七歳までに結婚するのが、この規則の普通の適用である。この期間を逃すと四五歳から五四歳の間にしか結婚のチャンスはない。ファライダの継承は父系的に決定されているとサウガメではいう。したがって通常のガダ・システムとはかなり異なっているように思われる。しかし現在ではこのシステムはほとんど痕跡的であり、調査中に何組かみた婚姻もこの規則には従っていなかった。さて以上のようにサウガメの集落構造と社会構造の概略をみてきたが、この構造と屋根の上の土器がどのような関係にあるか次にみていきたい。

4……社会を映す土器

サウガメの集落を歩くとティガの建物群に土器が載っている。そのありかたは既に本章第2節で示しておいた。まず具体的にティガを構成する建物群のなかにどのような土器が載せられているかみてみよう。すべてのティガについてここで述べるのは煩雑であるので、村の一部、A1、A2、B1、B2のなかのティガについてだけ述べる。しかしここでいえることは村全体についてあてはまることはいうまでもない。**表4–4**は各ティガをオイダとアルハッタに分け、そこに建てられている建物の屋根の上の土器の有無を示し、有無の程度によって分類している。

これをみてみると少なくとも土器の有無によって三つのタイプがあることがわかる。

表4-4　屋根の上の土器と社会関係

タイプ	家番号	オイダ	アルハッタ	ガルタ クシッタ
(1)	A 1-4	■ ■ ■	△ ✸ ✸	ガルタ
	A 2-4	● ■ ■ ✸	▲	ガルタ
	B 1-1	■ ■ ✸	▲ ▲ ✸	ガルタ
	B 1-2	● ■ ✸	▲ △	ガルタ
	B1-5	■ ■	▲ ✸	ガルタ
	B1-8	■ ■	▲ ✸	ガルタ
	B1-10	● ■ ✸	✸	ガルタ
	B1-12	● ■ ■ ✸	✸	ガルタ
	B2-1	● ■ ✸	△ ✸	ガルタ
	B2-3	● ■ ■ ▲ ✸ ✸	✸ ✸	ガルタ
	B2-4	■ ■ ✸		ガルタ
	B2-7	■ ✸	✸	ガルタ
	B2-10	● ■	▲ ✸	ガルタ
	B2-11	● ■ ✸	✸	ガルタ
	B2-12	● ■ ✧	▲ ▲ ▲	ガルタ
	B2-14	■ ■ ✸	▲	ガルタ
	B2-19	■ ■ ✸	▲	ガルタ
	A2-1	■ ■	✸	クシッタ
	B1-5	■	✸	ランミッタ
(2)	A1-5	■ □		クシッタ
	A2-2	○ ■ ✧		クシッタ
	B2-6	● ■ □	■ ■ ▲ △	ガルタ
	B2-16	○ ■ ✸	✸	ガルタ
(3)	A1-1	○ □ ✧	✧	クシッタ
	A1-2	□ ✧		クシッタ
	A1-3	□	✧	クシッタ
	A1-6	□ □	✧	クシッタ
	A1-7	□ □ ✧	△	クシッタ
	A2-3	□ ✧	✧	クシッタ
	B1-3	□	✧	クシッタ
	B1-4	□	✧	クシッタ
	B1-6	□ ✧		クシッタ
	B1-7	○ □ ✧	△ △ ✧	クシッタ
	B1-9	□		クシッタ
	B1-11	□		クシッタ
	B1-13	□ □	△ ✧	クシッタ
	B2-8	□ ✧	✧	クシッタ
	B2-9	□ □	✧	クシッタ
	B2-15	□ □	□ ✧	クシッタ
	B2-17	□ □	△	クシッタ
	B2-18	□ □	□	クシッタ
	B2-5	□ □ ✧ ✧	△ ✧	ガルタ
	B2-13	○	✧	ランミッタ

●○ マナ　■□ アレーダ　✸✧ ラーガ　▲△ コサ

（黒は土器、白は土器なし）

(1)　A1－４からB1－５まではオイダの建物はすべて土器をもつ。B2－14はオイダのラーガに土器がないが、これは現在新築中のラーガであり、例外ではない。アルハッタの建物のなかにはしばしば土器のない建物があるが、これは土器の有無を決定する彼らの規則がアルハッタにはそれほど厳格に適用されないせいである。したがって分類はオイダの土器に着目している。

(2)　A1－５からB2－16は四例しかないがオイダの建物の一部に土器のないケースである。

(3)　A1－１からB2－13は例外なく全ての建物に土器のないケースである。

(1)と(3)のように、これほど明確に土器のあるティガとないティガが分かれるのは土器を載せることができるティガと載せることができないティガが社会的に明確に分類できるからに違いない。事実この区別は明快な理由によっている。それは前章で述べたようにそのティガがガルタであるかクシッタであるかによっている。つまり屋根の上の土器はそのティガが長男あるいは次男以下であるかを明示しているのである。ティガには通常拡大家族が生活している。例えば三世代が同居しているとすればその構成はいくつかのケースが考えられる。ティガは長男優先相続がなされるので、この拡大家族のなかの第一世代の男が長男であれば、このティガはあらゆる建物に土器を載せることができる。だが第一世代の男が次男以下の場合には、この人によって建てられた建物は土器を載せることができない。次男以下は婚姻などを契機として新しくティガを村のなかや枝村ブソ、サラーレに作るが、土器のない家は第一世代の男がこうして作ったティガであることを示している。

しかし、この男が結婚し子どもができ、その長男がさらに結婚して同じティガ内に新しくアレーダを作るとどうなるか。これが前述した分類の⑵に相当するケースの主たる理由になる。次男以下の長男が婚姻を契機に新しくティガ内にアレーダを作れば彼は長男であるのでそのアレーダの上には土器を載せることができる。こうしてサウガメのどんなティガも⑶から⑵へ、そして世代が経過すれば⑴のケースに変化していくことになる。したがって⑴のケースは既に何世代も経過したティガも第一世代が初めてガルタになったケースも含まれる。⑶のケースは少なくとも第一世代がクシッタで第二世代の男がまだ未婚であることを示している。そしてこれらのティガは比較的最近建てられたものであることも示している。図にガルタとクシッタと屋根の上の土器の関係を示しているが、それは見事に対応しているといえる。

⑴と⑶にランミッタとされているものがある。ランミッタとはある男の第一夫人以外の子息を指す。このランミッタは第二・第三夫人とその子息が住むティガであり、ランミッタであっても土器に関する資格によって、屋根の上の土器の有無が決定されることを示している。A2—1がクシッタであるにもかかわらず、屋根の上に土器がある理由は分からなかった。B2—5がガルタであるにもかかわらず屋根の上に土器がないのは現在ここには居住せず、コーマイダと呼ばれるサガン川の出作り小屋に拠点を移していて、そちらの屋根に土器が載せてあるからである。

土器の有無に関してのサウガメの規制はガルタ・クシッタの区別がもっとも顕著に現れる。それを集落構造との関係で示したのが**図4-2**である。村を取り囲む外側に石塁と内部にある石塁、さらに最も古いこの集落の原型であったと思われる石塁はサウガメの発達過程を如実に反映している。つまり図に見るように外周と内周の間の空間にはクシッタであるティガが多く内部の円にはガルタが多い。クシッタのティガを外側に作ることによってこの円形の集落は膨張してきているのである。

さてサウガメの土器の規制はガルタ・クシッタ以外にはないであろうか。**表4-4**のティガの一部に土器がある(2)の事例には、当然(3)から(1)へ移行していく過程のものが含まれる。けれども今まで述べた規制だけによっているのではなく、別の規制によって土器がない場合がある。この(2)の四つの例でいうとA1−5とA2−2がクシッタだけれどもアレーダに土器がある例である。これは第一世代の息子、つまり第二世代の長男が結婚し、この息子夫婦の住むアレーダの屋根の上には土器が載っているからである。しかし細かくみるとB2−6とB2−18はこの規制では説明できない。なぜなら長男の結婚によって彼らが建てたものに土器を載せることができるのであれば通常それはオイダのアレーダだけであり、この例のようにオイダやアルハッタの建物にも土器が載ることはない。それにこの二つは第一世代がガルタであ

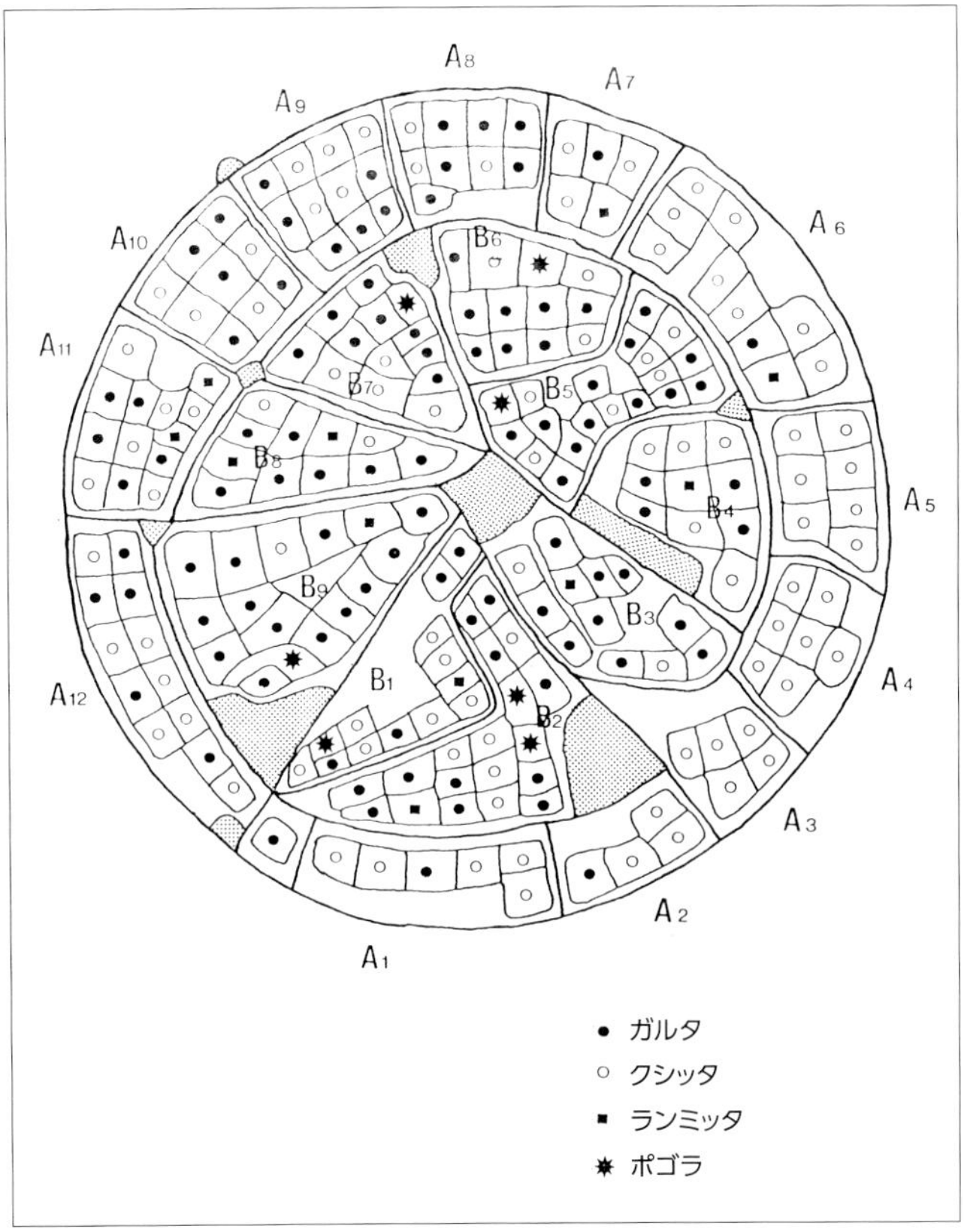

図4-2　ガルタの家とクシッタの家

表4–5　集落の外周と内部におけるガルタ（長男）の家とクシッタ（次男以下）の家の分布。

	世帯主・長男	世帯主・次男以下	計
外周（A）：			
A1	2	5	7
A2	1	3	4
A3	0	5	5
A4	0	7	7
A5	0	7	7
A6	1	9	10
A7	1	4	5
A8	6	3	9
A9	6	5	11
A10	5	4	9
A11	5	8	13
A12	5	7	12
小計	32	67	99
内周（B）：			
B1	6	7	13
B2	12	7	19
B3	7	4	11
B4	5	5	10
B5	13	6	19
B6	9	3	12
B7	8	5	13
B8	8	3	11
B9	14	2	16
小計	82	42	124
計	114	82	223

る。つまり前者二例と後者二例は息子夫婦の建物だけに土器が載るのと建物群のなかで一つだけ土器が載らないものがある。この相違は何に起因しているのか。実はこのB2―6とB2―18のティガに土器のない建物があるのはこの建物に居住していた夫婦のいずれかあるいは両者とも過去五年以内に死亡しているからである。つまり、サウガメでは父母が死ぬと居住していたアレーダやマナの土器は五年間とりはずすという規制がある。インフォーマントによってこれが一年あるいは五年と二つの解釈があるが、いずれにせよ土器を載せているティガでは当面土器を下ろす。死者への喪に服す行為の一部であり、喪にはほかにもさまざまな規制があるがそれは省略する。

今まで述べてきたガルタ・クシッタの規制、死者による規制は少なくとも西部サウガメの社会に貫徹している原則であり、これはおそらくコンソ全体にも敷衍できることであると思われる。さて、こうした屋根の上の土器とはどういう種類のものを使うのであろうか。屋根の上に載せる土器はその種類からみてみると二種類ある。オコダは土器のことであるがもっとも多い器種は壺であり、これには大小二～三種類ある。食物の煮炊き用・主食である醸造ビール・チャガを造る壺あるいはそれを保存する壺、またウンダ（モロコシ）、ボコロ（トウモロコシ）などの保存用の壺が主体である。大きなものでは高さ七〇センチ、胴回り五〇センチ程度である。屋根の上の土器は通常これらの壺を使うが、日常的に使っている壺を壊して使う。これらの壺はサウガメのなかに三〇軒のティガが土器作りに従事しており、サウガメ内の壺は彼らから供給される。土器作りの詳細はここでは述べないが、壺を作るとき壺の口縁と把っ手がついている上半分をまず作り、底を含む下半分は後に作っていく。

こうした壺を屋根の上に載せるのであるが、使うときはその壺の中央部あたりが割れやすくなっているので上下に半分に割る。その上半分を、つまり口縁を含むものを屋根にさす。屋根はアエギッタという草を使って葺いていて先を尖らせているので、口縁を上にして差し込む。ガルタ・クシッタの規制で屋根の上に土器を載せることができるのは通常この日常的に使っている土器を壊したものである。したがって屋根の上に土器を載せるため新たに土器を注文し新調することはない。そしてそれは新調するものではないという規制も働いている。

けれども、これらの土器と異なって新調しなければならない場合がある。**表4-4**のなかでティガのオイダにある全ての建物に土器が載る例、つまりガルタのティガのなかに普通と異なる例がある。それがB2―7のティガである。このティガの屋根の上の土器はアレーダの土器がシラ・オコダといわれる装飾土器である。

そしてこれは前節で述べたクランのなかの特別地位の高いティガ・ポゴラである。装飾土器はポゴラであることを表現する具体的な象徴であり、装飾土器を屋根の上に載せることができるのはこのポゴラ以外にはできないという厳しい規制がサウガメの社会にはある。

サウガメのなかに七つのポゴラがあるのは前節で既に述べた。そしてそれがサウガメの社会のなかで果たす重要性にも言及した。あるティガが何か紛争に巻き込まれるとまず所属するクランのポゴラに相談にいく。また葬儀の労力提供や結婚式に祝儀を出す場合もこのティガは負担が多い。このポゴラにも大きなポゴラ（ポゴラ・グッタ）と小さなポゴラ（ポゴラ・シャッカ）があり、前者のほうが権威は高い。それは屋根の上の土器にも現れる。

この装飾土器はそれを載せるときはあらかじめサウガメ内の土器作りのティガに頼み新調する。その点もガルタのティガが日常的な土器を壊して使うのと異なっている。したがってこの装飾土器は初めから上半分を作るので、土器を真ん中から壊した形跡はなく、下部は成形されている。そして装飾土器は通常過剰な把っ手と男根で装飾する（**図5-1**（157頁）の装飾土器は男根のない例である）。2章で述べたようにコンソでは村の門（ハラ）の前に、その村を守るために戦って死んだ英雄を記念する木彫りの像（ワーガ）が、数多く入り口の道の両脇におかれている。それはほとんど伝説上の人々であるが、その英雄が倒した豹とかライオンや蛇を共に彫り、頭には装飾土器の男根と同じようなカラチャといわれる男根をもっている。いずれにせよこうしたカラチャがポゴラの飾る装飾土器にも出現するのは単なるポゴラの象徴ではなくポゴラの権威を誇示するためであろう。

この権威の誇示は大きなポゴラではさらに強調され、装飾土器の口縁に二つのダチョウの卵を載せる。

ティガを新築した場合や屋根を葺きなおした時は、この装飾土器にさらに野生の植物の葉のついた黄色い実を飾り付ける。棒状の石英質の石を土器にさす場合もある。こうしたティガで父親が死んだ場合は、彼の居住していたアレーダやマナの装飾土器ははずすことがなく、ダチョウの卵を下ろす。B2―6のアッタマ・アイラッテのティガがそうした例であった。

サウガメの村内にはモラが一〇ヶ所（**図4-1**参照）あるが、さまざまの儀礼の執り行われる重要な広場はモラ・カラグッタ、モラ・オイベターレ、モラ・オルパイヤである。こうしたモラには若者が寝泊まりするバフタがあるが、かつて戦いが日常的であった時代には戦士がここに寝泊まりした。このバフタの屋根の上にも土器があり、これが装飾土器である。ただしモラ・カラグッタは既にこのバフタはない。以上屋根の上の土器がサウガメの社会のなかでどのような意味をもっているかを述べてきた。それは単なる飾りではなく、この社会のある断面を見事に映しだす社会的象徴物として使用されていることがわかるのである。

5……社会構造と土器

サウガメのみならずどのコンソの村でも、今まで述べてきたように屋根の上に土器が観察できる。コンソの村は山の頂上に石塁で囲まれたティガが密集し、中は信じられないほど人口密度が高い。こうした村は英語でコンソ・タウンと訳されるほどである。村内は迷路のような道で区画され、いくつかのティガが木柵で境界をもちながら塊となっている。したがって屋根の上の土器もさほど規則的な配列をしていないし、そこに社会的規制が働いているようには一見思えない。けれども注意深く観察すれば2節で指摘したように、屋根の上の土器という現象にいくつかのパターンを抽出することができる。そしてそのパターンの背後にはコンソの社会の一般的な人々が考えている社会構造の観念が見事に投影されていることがわかった。

土器は生活上重要な煮炊き・貯蔵・酒造りに使われる。そして土器特に壺は交易品としてコンソ内の市場（ウルマラ）ばかりではなく遊牧民ボラナや農耕民デラシャのところまで運ばれる。土器は女によってサガン川のさらに南にあるボラナの中心地の一つタルタッレの市場まで、コンソの綿織物と一緒に運ばれ売られる。サウガメから標高差一〇〇〇メートルを下りそしてまた登りタルタッレに辿り着くが、頭上に四つから五つの土器を載せて歩いて売りにいく。距離にして二〇キロメートルくらいである。遊牧民であるボラナもこのタルタッレではコンソの人が運ぶ農産物・織物・土器を購入している。タルタッレではコンソが定住してチャガを売る店さえある。そしてボラナの人々のなかにもこのチャガを飲む習慣が入り込んできている。さらに定着した町住みのボラナの家には屋根の上に土器さえある。こうした生活道具・交易品としての土器の側面ではなく、土器がコンソの社会構造を映す鏡として使われていることをここでは述べ

家長が長男（ガルタ）の家の屋根の上の土器。底が割れてしまった土器を載せることもあるが、わざわざ土器作りの時これを注文して作ってもらうこともある。

てきた。２節として抽出した１から５までの屋根の上の土器という現象がコンソの社会構造の何を表現しているか要約してみよう。

a．１及び２はガルタ・クシッタの規制による土器の有無。コンソの社会は長男と次男以下を明確に区別する社会であること。

b．３のパターンはティガの第一世代はクシッタであるが、長男が結婚し、長男夫婦が住むアレーダ（新しく建てる場合は伝統的なマナよりアレーダの方が多い）の屋根の上に土器がある場合はこれはガルタである長男が管理しているものである。

c．４のパターンは第一世代以上の死を象徴する行為である。ｂと異なるのは死者が居住していたオイダのマナかアレーダの上の土器だけはずすことである。ただしポゴラのティガではこの方法は異なり、土器を降ろすのではなく装飾土器に付属しているダチョウの卵を降ろす。この期間は五年間である。

d．５のパターンは定着して九代以上経た

昨日焼き上がった土器を土曜日に開かれるウルマラ・ファーシ市場に売りに行くお婆さん。

ガルタで、帰属するクランのなかでポゴラの称号をもっているティガのケースである。それも大きなポゴラと称されるティガの象徴として使われる。死者の出た場合は居住していたマナやアレーダの屋根の上の装飾土器の付属物を降ろす。期間は同じく五年である。そして装飾土器を屋根の上に載せる場合は新たに新調しなければならない。

コンソは優秀な農耕集団であると同時に優秀な技能集団でもある。そしてその集落構造の複雑なことに表れているように社会構造もきわめて複雑である。ここに述べたのはその一部である。コンソのティガの屋根の上の土器に伴うさまざまな規制を通じてその一端をここに示した。調査者が全く知らない世界に入り、そこで格闘しその世界を知りたいと願うときコンソの屋根の上の土器はまさに彼らが外部の者に誇示し、意味を放っている象徴的なコミュニケーションの道具であった。

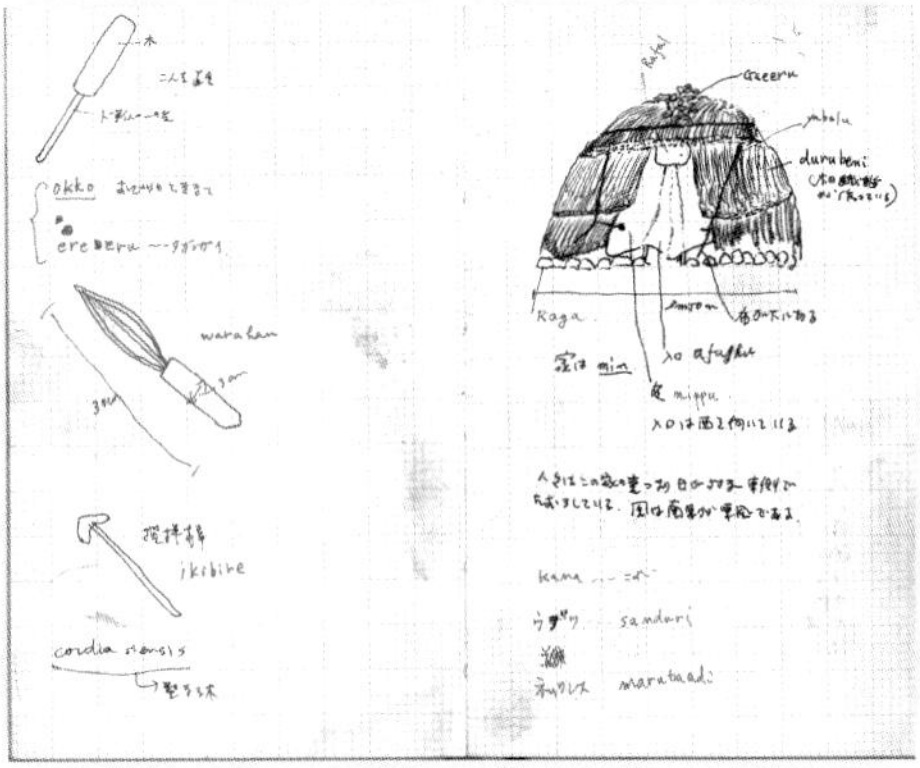
okko
warahan
ikibire
durubeni
mippu
Kaga
sandari
marutaadi

第5章

土器と市場の生態学

ウルマラ・ファーシの賑わい。コンソの社会では7つの市場が場所と曜日を変えて開かれる。そのため市場の名称で曜日がわかるのであるが、ウルマラ・オンボッコとウルマラ・ファーシはそのなかでも最大の大きさであり、多くの人が市場に集う。前者は月曜日にコンソ内の幹線道路沿いのオンボッコで開かれる市、後者はコンソの西側での最大の村・ファーシで開かれる土曜日の市である。サウガメの人たちはこのファーシの市に土器も農産物ももっていくことが多い。サウガメ村の人の最大の楽しみでもある。

サウガメ村にはフルタイム・エキスパートの土器作りの家が三〇軒ある。彼らはほとんど農耕地をもたない人びとである。作った土器をコンソのなかで開かれる七つのマーケットに商品として売る。コンソのようなほとんど自給的社会のなかで専業の土器作りがどのようにして生きているのか、土器流通を生態学的に考察する。

1……はじめに

サウガメ村の本村には一九九一年の調査時で二二六軒のうち三〇軒がフルタイム・エキスパートの土器作りの家と一軒の鍛冶屋がいた（一九九三年には土器作りは二八軒であったが、以下の数値は全て三〇軒として計算する）。これらの家以外は全てモロコシ・トウモロコシ・コムギなどをつくる農民である。本章ではこのサウガメの土器作りに焦点をあてて記述していくが、サウガメ以外に土器作りのフルタイム・エキスパートがいる村は二つである。サウガメ村の隣村であるファーシの枝村グニャラおよびガッワダである。

サウガメ村のみならずコンソのどの村もほとんど自給的生活であり、七つある市場で売られている農産物や肉類はコンソの生産品である。わずかに古鉄と塩は外部から入ってくる。また一九九一年当時ではエチオピアとケニア国境の町モヤーレあたりからケニア製のTシャツやズボンなどが入ってきていたが主要ではない。コンソでは男たちのコンソ・短パンと女の二段に襞の入ったスカートは自分たちの畑で作る綿から男たちが機織りしたものを着ていた。コンソの食生活で必要な道具としては醸造ビールを造るための土器と朝の食事ダマやコーヒーを煮立てるための土器は必須のものである。三四あるコンソの村のなかで土器を作る村はわずか三村であり、この三つの村がコンソ中の土器の需要を賄っている。

農耕地をもたないフルタイム・エキスパートの土器作りが、ほとんど自給的な社会であるコンソのなかでどうして生きていけるのか、またなぜサウガメ村では三〇軒なのかといった土器流通と市場の関係を生態学の問題として考察してみようというのが本章の狙いである。

またフルタイム・エキスパートである土器作りはハウダと称され、農民エダンダと階層的社会を作り上げている。この階層性と土器作りはどのように関係しているのかも考えてみたいテーマである。

2……土器作りハウダと農民エダンダ

４章で述べたようにコンソの社会を考える上では、次の三つの社会集団が重要である。コンソを九つの父系的親族集団に分けるカハと呼ばれる九つのクランがそのひとつである。また年齢を基準にしてクランを横断する形で構成されるファライダと呼ばれる社会集団がある。しかし、この二つとは別に、サウガメの土器作りの人びとと他の人びととの社会関係ともっとも関連するのは、エダンダ―ハウダ関係である。これは社会組織というより、むしろ階層に近いものであり、コンソの人びとはエダンダであるかハウダであるかのいずれかで、二つの階層に二分される。

エダンダとは一般的に生業として農耕だけに従事する人と家を指している。ハウダとは農耕以外の職能をもった人を指し、それは土器作り、鍛冶屋、皮なめし、市場でコブウシやヤギ・ヒツジを解体して売る人、それに主として綿織物の仲買をする商人を全て含んでいる。もちろんハウダには一部農耕にも従事していたり、農地を所有している人もいる。これらのハウダはコンソの三四の村に全て一様に存在するのではなく、たとえば土器作りはサウガメ、ファーシ・グニャラ、ガッワダの三つの村に集中している。また鍛冶屋はゲラやアッバ・ロバに集中している。幹線道路沿いのコンソの東側ガラテ地域のドコトやバカウレなどには商人が多くいる。つまりいくつかの村は、土器作りや鍛冶あるいは商業に特化していて、それらが全コンソの土器、鍛冶、商業を担っている。

このサウガメでは、エダンダ—ハウダ関係が土器作り集団と他の農民の基本的な関係を形作っている。しかし、特化した村、たとえばここでとりあげるサウガメの土器作りでも、土器作りの生業に従事する割合を家の単位で換算すれば、三〇÷二二六×一〇〇＝一三・三％であり、けっして多いとはいえない。この農民と職能民の量的な関係が何を意味するのか、考えてみたい。それは一つの村の内部の階層分化とエスニック・グループであるコンソ全体での階層分化がどのような問題をはらんでいるのかということでもある。

サウガメのみならずコンソのハウダは、コンソの東側に住む農牧民ブルジに起源するという伝承がある。ハウダはエダンダから若干、差別される存在である。前述したサウガメの古い家二二軒には、ハウダが一軒も含まれない。エダンダとハウダの間の婚姻は現在でも強い忌避があるが、飲食についての共食は現在ではほとんど忌避されない。サウガメの土器作りと一軒の鍛冶の人びとは全てハウダである。ただし、土器作りと鍛冶屋以外の人にもコエラ出自だという人がいる（農牧民ブルジはコンソではコエラと他称されている）。これらの人は起源とされたブルジでも土器作りや鍛冶屋ではなかったといっており、ブルジとハウダは必ずしも一致しない。

ブルジはコンソの東側に位置したエスニック・グループで、彼らの一部がコンソの東側の地域ガラテに土器作りや鍛冶または商人として進出してきたらしい。けれども彼らの進出とコンソ内のエダンダ―ハウダ関係との歴史的関連はよくわからない。

3……土器作りの生態学的問題

サウガメの三〇軒の土器作りのハウダは、農耕地をほとんどもっていない。そこで三〇軒の土器作りの家は、生産した土器を毎日コンソのどこかで開かれている市場にもっていき、それを売ることによって収入を得ている。つまりサウガメのハウダの作る土器はサウガメ内の需要ばかりでなく、コンソ中に流通している。さらにこの土器はコンソの範囲を越えて、遊牧民ボラナおよび農耕民デラシャにも流通

表5-1　サウガメ村内における草分けの家の移動

世帯主	先住地	家名	クラン	分家数
ガーロ・モロ	カマレ	ガラチャ	イシャライダ	9
シャンゴ・ソドバ	カマレ	ガイナッテ	イシャライダ	18
ガイヤナ・オルディシャ	コルメ	ガルサッタ	サウダッタ	0
オロノ・ギロイヤ	ガラテ	オーハレ	サウダッタ	5
アイヤッレ・オライユ	ガラテ	アルギッレ	ケールディッタ	8
タダッセ・デアーサ	カシャレ	アサエラ	マーロダイダ	7
アウネッサ・カワド	ティシマーレ	バイヨ	サウダッタ	2
アビット・アンサーショ	コエラ	サターレ	マハレーダ	10
ガイヤナ・ガビノ	アバ・ロバ	シビラ	ティグセイダ	3
ブンナイヤ・クイガーロ	サウガメ	クイガーロ	パーサンダ	3
アベベ・アベレ	サウガメ	トロソー	ケールディッタ	6
マキシャ・コルショーレ	サウガメ	コナーデ	マハレーダ	2
クマト・アルギッレ	サウガメ	ジャンジョ	ケールディッタ	8
クイヤーナ・オハーレ	サウガメ	ジャンジョ	マハレーダ	5
計　14				86

している。この土器は一九九一年当時一個二ブル（コンソの小学校の先生の一月の給与が二五〇ブルであった）で売買され、この現金収入によって土器作りのハウダの生計が維持されていた。したがってサウガメの土器作りハウダはフルタイム・エキスパートの職能集団である。

さてコンソの土器作りの生態学的問題とはなにかを述べる前に、その前提条件について述べよう。まずコンソの人口を八万人と仮定する。世帯数の平均はサウガメのデータから七人と仮定し、コンソの世帯数を約一万二〇〇〇と考える。コンソの三四の村のなかで土器作りに特化した村は、ファーシ村の枝村グニャラとガッワダ村である。グニャラでは一四軒、ガッワダでは三〇軒の土器作りのハウダがいる。そこでサウガメ三〇軒、グニャラ一四軒、ガッワダ三〇軒の計七四軒の土器作りハウダがコンソにいて、それが全てサウガメの土器作りハウダと同じようにフルタイム・エキスパートであると仮定する。

コンソ社会は職能集団であるハウダと農耕に従事するエダンダに階層化された社会である。土器作りは村内部においてはエダンダ—ハウダの階層的序列をもちながら、村落間では三つの村は土器作りの村として他村からは認識されている。この三つの村のハウダ七四軒が、フルタイム・エキスパートとして土器を専業的に生産しているとすれば、その土器の供給量とエダンダが必要とする土器の需要量はどのような関係にあるのだろうか。

コンソの食生活における調理や貯蔵に必要な道具は依然として伝統的な土器に頼っている。またそれらの代替物であるプラスチック製品や金属製品などは、市場にはまだそれほど流通していない。この土器の供給量と需要量の関係をみることにより、エダンダ—ハウダの階層化の具体的なダイナミズムをみてみたい。土器の市場における価格の変動が、需要・供給曲線によって、どのように変化するかは資料がない。けれども少なくともフルタイム・エキスパートの生産する土器が、コンソ内で十分なものなのであるかどうかを考えてみたい。以上のような問題意識でサウガメのハウダの土器作りの工程を述べ、つぎに土器の需要・供給関係をみてみる。

4……ハウダの土器作りとエダンダの使用法

土器作りの工程

ここではサウガメの土器作りハウダが、どのように土器を作るか概観し、それらの土器をエダンダがどのように使用しているかを簡単に述べる。

土器を作る工程は、粘土の採取、粘土の調整、土器の成形、土器の施文、土器の乾燥、土器の焼成そして販売となる。土器の生産を規定している条件には、自然的なものと社会的なものがある。販売される量は社会的な条件によって決まるが、これは土器の流通の経済的側面として後述する。サウガメの土器生産を規定する自然的条件のうち、重要なものは原料の粘土である。土器の生産手段は原料である粘土があれば、簡単な道具と燃料と技術だけである。

粘土はサウガメから直線距離で二・五キロメートルのアレイヤと呼ばれる場所に産出する。サウガメとグニャラの土器作りハウダは、ここだけで粘土を採取する。粘土の埋蔵量は少なくなってきている。露天掘りをしているが、掘り進んで洞穴状になった穴がいたるところに開いている。サウガメとグニャラでは、日曜日あるいは月曜日に粘土を採取しにくる人が多い。

サウガメもグニャラも土器を作って、それをもっとも近いファーシ村で開かれる市場に売りにいくことが多い。この市場をウルマラ・ファーシというが、ウルマラは市場の意味であるが、同時にこれは土曜日のことを指している。つまりウルマラ・ファーシは土曜日に開催される定期市だからである。粘土採取が日曜日や月曜日に多いのは、市の開催日との関係からである。土器作りのサイクルが日曜日に粘土を採取し、その一週間で成形から焼成を終え、土曜日に市にだすからである。

粘土の採取は女が多いが、ときに男が混じる。ハンマーには丸い自然石を使い、これで鉄製のタガネを打って粘土塊をとりだす。粘土塊は拳大であり、とりだされた塊は一ヶ所に集められ、タガネと自然石でさらに細かくされる。これをヤギの皮で作ったコラッタという袋にいれ、サウガメまで運搬する。この量は約

土器のための粘土採掘場・アレイヤで粘土を採るサウガメのハウダの女。鉄製の鏨の採掘で洞穴になってしまったなかで粘土を掘り採る。一週間に一度アレイヤに出かけて採掘する。女性たちが粘土を採ることが多い。

粘土採掘場アレイヤで露天掘をするハウダの男たち。

四〇キログラムほどであるが、これが一週間でつくる土器の粘土量である。

家に運ばれた粘土は二つの工程を経て、さらに細かい粒子の粘土にされる。まず粘土は先が太くなった叩き棒で粘土塊を叩き、細かくする。両足を開いて座り、その間に粘土塊をいれ、叩き棒を振り降ろす。この細かくされた粘土をさらに粗雑なサドル・カーンで微細な粒子にする。

この粘土の調整から成形・施文・乾燥までは女の仕事であり、これに男が参加することはない。コンソでは男と女の仕事が分かれていて、性による分業は厳格である。土器作りに関していえば、粘土採取と土器の焼成に男が参加できるが、それもきわめてわずかである。これと対照的に織物は糸紡ぎから機織りまで全て男の仕事である。

サドル・カーンに粘土を小量のせ、磨石でする。土が散らばるとこれを再度のせ、これを繰り返す。こうして丹念に陶土を作っていく。野焼きで作る土器には混和材をいれることがしばしばあるが、コンソでは一切混和材をいれない。そして陶土を

粘土採掘場アレイヤから採ってきた粘土をまず叩き棒で細かくする。

叩き棒で細かくした粘土を次は粗雑なサドル・カーンで磨り細粒にする。多くはハウダの小さな女の子の仕事である。

トーマと呼ばれる木製の臼状容器か、使い古された割れた土器にいれて、水とともに捏ねる。

土器の種類と用途については後述する。ここではもっとも普遍的な高さ三五センチ、胴部の最大径二五センチの壺の作り方を記述してみる。土器作りはまず壺の上半分から作る。粘土塊を楕円体のような形にし、その真ん中をへこまし、この周囲を挽きあげていく。回転台は使わないので地面に直接粘土塊を置き、捏ねあげるときは製作者が土器の周囲を回る。一方の手を内側に、片方の手を外側に置き、人差し指を曲げて成形する。そして内側から余った粘土をかきだし、上に足しながら挽きあげる。こうして頸部で曲線の変化率

土器は上半分をまず作り、それを乾燥させひっくり返しても大丈夫になったら下半分を作る。下半分を作り終えたところ。この状態で2、3日陰干しする。

上半分は粘土紐を引き延ばし、さらにそれに粘土紐を足して伸ばしていき完成させる。口縁部を調整しているところ。

を変え、口縁部を作る。この状態ではまだ形がやや粗いので、ヒョウタンのヘラでさらに整形する。口縁部だけは、水で手を濡らして親指と人差し指で口縁を挾むようにして回しながら整形する。半日ほど乾燥させてから、つぎに把っ手をつける。少し固まった状態の生乾きの壺の把っ手の部分に、片側二つずつ穴を指であける。別の小量の粘土の塊を棒状にして、先端を二つの穴にいれ、内側でそれを押し広げるようにする。つまり把っ手はこれで土器の焼成後とれにくくなる効果がある。さらに、もしその日の焼成が数人で同じ炉で焼く予定であれば、頸部に自分の得意な施文をする。それは隆帯文や沈線文であるが、これは焼成後どれが自分のものか識別できようにするためである。ここまで終われば、上半分を一日ないしは二日乾燥する。

コンソの家屋は木柵で囲まれている（**17頁写真下**参照）。内部には二つの面があり、住居を中心とする建物群がある高い面をオイダという。家畜小屋や貯蔵小屋のある低い面をアルハッタという。土器は、このオイダやアルハッタに置き、天日によって乾燥する。通常、土器を焼く前の乾燥は、急激な乾燥による土器各部の収縮率の違いから起こるヒビ割れを防ぐため、日陰や室内でおこなう。しかしサウガメでは粘土の質によるのか他の理由によるのかわからないが、天日によって乾燥する。上半分は口縁を下にして乾燥し、二・三日後にこの上に壺の下半分つまり底部を接合していく。このような技法は壺が丸底形だからであろう。長方形の粘土を接合する部分に一回りさせ、ヒョウタンのヘラで内側と外側を成形してすぼめていく。最後は、口縁から手を入れて丸い底を作る。そうして全体をさらにヘラで整形してまた二・三日乾燥する。

土器作りのハウダの家屋もエダンダの家屋と構造は同じである。乾燥は敷地内のオイダとアルハッタを使う。土器作りをしない農耕に従事するエダンダの家で舎飼いするヤギ・ヒツジ・コブウシは乾燥している土器を壊すので、ハウダは家畜の舎飼いはしない。サウガメのハウダは金銭的に余裕ができると、エダンダと同じように農地と家畜を手に入れるが、この舎飼いだけは土器作りと両立できない。

こうして乾燥された土器は、焼成の1日前か当日に丸い水晶様の石と水を使って表面を研磨する。磨きをかけられた土器は表面がつやつやして光っている。一週間の準備が終わり、サウガメでは土曜日の朝8時ころから12時まで土器を焼く。

乾燥した上半分に粘土紐をつけて下半分を作る。最後の底部は地面に着いている口縁に手を入れ内と外で穴を塞ぐ。

土器の焼成

土器を焼く場所をポタ・オコダという。サウガメの村を囲っている円形の石塁の外側にある。この石塁の外側にはまず前述したクーファと呼ばれる石囲いの肥料溜めがある。このクーファの外側はブッシュになっていて、これはサウガメの人々の野外トイレである。このブッシュのなかに開けた場所が二ヶ所あり、ここが土器を焼くところである。いずれも集落の東側にあり、一つの場所には一一個の簡単な炉があり、別の場所には五つの炉がある。これらの炉は簡単なもので、地面に角張った石を数十個円形に並べただけのものである。直径二メートルから三メートルの円形の炉が、数メートル間隔で配置している。内部には土器を焼いた灰が堆積していて、新しく焼くときは、それを掃除して石をきれいに並べ直して使う。観察によれば、数人が組になって一つの炉を使い、そのメンバーはほぼ固定している。メンバーはほとんど女であり、その関係は姉妹、母娘、近隣である場合が多い。

金曜日までに土器を焼く準備が終わり、土曜日の朝になるといよいよ土器を焼く。朝、七時半ころ、子どもや女たちが乾燥した土器をポタ・オコダに運んでくる。女たちは自分の炉の石の配置を直し、内部の灰を掻きだした後、ピルビルタ（*Juniperus procera*）の木の枝を葉がついたままの状態で敷き、

金曜日の日、ポタ・オコダと呼ばれる野外の炉で土器を焼く。炉にまず干し草を敷く。

親類や仲のよい者同士が数人寄って一緒の炉で土器を焼く。乾燥させた土器を干し草の上に並べる。土器が転がったり動いたりしないように調節する。

その上にカッパつまりコムギの稈をまんべんなく載せる。それがすめば焼くべき土器を上に置いていく。土器は重ねずに、口縁を上にして少し斜めにする。土器と土器は接触していて、お互いにそれで安定する。さらに炉の石の配置を縮めて全体を動かないようにする。

こうしておいて、先ほどのピルビルタをやはり葉のついたままの枝を軽くのせて点火する。点火してからピルビルタの生木を一〇分ほどつぎつぎとたしながら燃やす。白褐色の土器が少し黒ずんでくるが、本格的に焼成する前に必ず軽く火を通す。簡単な焼きが終わったら、いったん土器を石のサークルから取り出す。この予備的な焼きで、土器にヒビが入ったり、少し欠けたりすると、粘土で補整する。水をかなり含んだ柔らかい粘土塊をヒビや欠損部に詰め、水晶様の丸い石でこすって補整する。

簡単な焼きの後、炉のなかの灰と焼け残りを掻きだす。今度は先ほどと同じく一番下にピルビルタの生木とコムギの稈を敷き、土器を並べる。その上にピルビルタの生木を掛け、さらに脱穀の終わったコムギの稈を大量にかぶせる。全体がすっぽりみえなくなったら、さらにコムギの殻で十分に覆う。全体が円筒形になるようにして、側面から点火する。点火は風向きを考慮して、風下からおこない、棒を土器の間に突き刺して穴を開け、火のまわりをよくする。この作業を繰り返す。この状態で焼く一時間から一時間半で焼成する。この野焼きは酸化炎焼成であるので、粘土のなかの鉄分が酸化し、赤っぽい色に焼ける。観察によれば、焼成中土器と土器が接触している部分は考古学でいう黒斑ができる場合が多い。この焼成で全ての土器がうまく焼けるとは限らず、割れる場合もある。ヒビや欠損が少ない場合はやはり粘土で修整し、別に焼いている炉へ運び焼き直す。

野焼きが終わると棒で壷の把っ手に差し込んで、炉外に置いて冷えるのを待つ。昼一二時ころになると全

土器を焼く。焼成には２時間ほどかかる。これは最初の工程で、まず軽く焼く。ヒビ割れを確認し、この上に土器が見えなくなるまでモミガラなどを積みあげ焼成する。

ての炉の土器焼成が終わる。午後一時ころになると再び女たちが炉にきて、冷えた土器を運び去る。この日の午後、冷めた土器を四つから五つ牛の皮に包み、頭上運搬で市場まで運ぶ。こうして土器は焼成され、商品として市場にでることになるが、流通に関しては後述するとして、つぎにコンソのエダンダがこれらの土器をどのように使っているかみてみる。

土器の種類と使用法

土器はコンソの生活の必需品である。それはコンソの食生活と密接な関係がある。コンソの主食は既に述べてきたようにチャガと呼ばれる醸造ビールである。作物の豊富な季節は一日に二回、朝一〇時ごろと夕方四時ごろこれをヒョウタンの容器で飲む。大人の男は一時間ほどかけて一杯飲むのが普通である。穀物の貯蔵がなくなる時期は播種のシーズンであるが、この時は朝食と同じものを食べる。しかし、コンソの人々はチャガこそコンソの食べ物であると主張する。このコンソの食生活を支えるチャガの調理用具として土器は必須のものなのである。

調理用具から食器までの食生活に必要な道具は、それほど多くはない。基本的には四種類のものがあれば十分である。それはオッタイダ（*Cordia africana*）という木で作った大きな舟型容器、壺に代表される土器、ヒョウタンの器、それにホラを飲む小さな木地の器の四種類である。舟型の容器はトーマというが、これは醸造ビールを大量に造るのに必要なものである。このトーマ以外のコンソの食生活に結びついた三つの容器

焼き上がった土器の出来具合を確かめにきたハウダの女。焼き上がった土器を細い棒で叩いて出る音色で出来を確かめる。

を**図5–1**に示しておいた。このなかで調理に関していえば、壺がもっとも重要な道具である。
コンソはエチオピア南部の大きな町アルバミンチからさらに南へ一〇〇キロほどの距離に位置している。

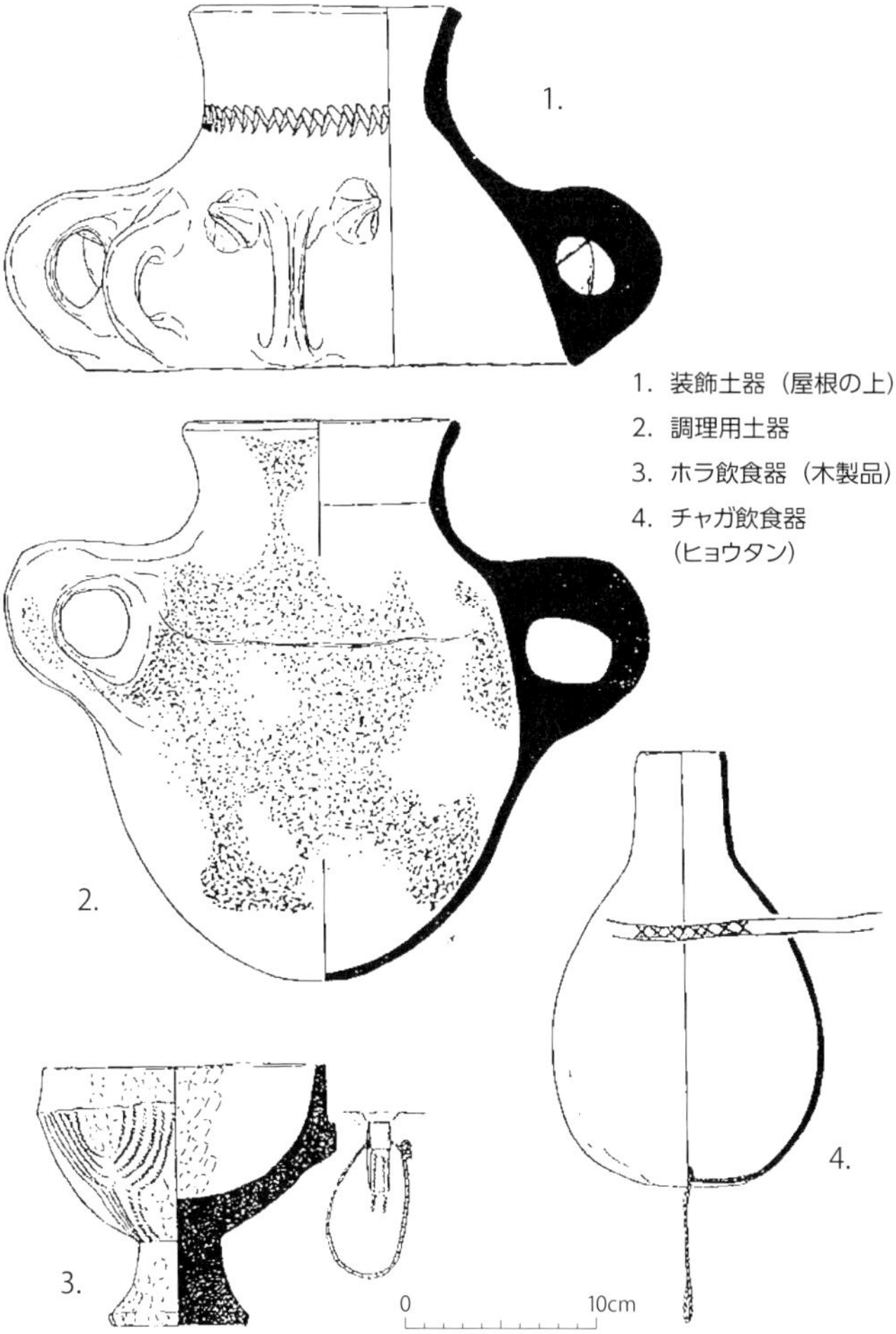

図5–1　コンソの食器と土器

さまざまな外からの物質文化を受容しやすい位置にあるといえる。けれどもおそらくこの食生活が大きな原因であろうと思われるが、調理用具はアルミ製品や鉄製品に変わらない。依然として圧倒的に土器に依存するという保守性を維持している。主食であるチャガという醸造ビールは、蒸留酒ではないため、造った後、それほど長い間は保存できない。そのため醸造ビールはトーマと壺を用いて大量に造り、造った家に多くの人が金銭を払って飲みにいくという食事の形式ができあがっている。コンソがチャガに固執するかぎり、この技術的制約を別のもので代替することはかなりむつかしい。いずれにせよ醸造ビールを造るのにも、また豆やキャッサバを煮るのにも、また朝コーヒーの葉を煎じるのにも土器を使う。これらの土器は用途に応じて大きさは異なるが、器形はほぼ同じで壺形土器である。

サウガメの農民であるエダンダは、用途別の壺形土器を少なくとも六個は一軒の家で保有している。この六種類の土器の用途による分類をみてみよう。これらの六種類は用途別にほぼ専用に使うが、器形は同じである。土器のことをコンソではオコダという。サウガメのように土器作りのハウダが存在するところならば、村内で土器を購入する。しかし通常は市場で、一個二ブルか三ブルで購入してくる。大きさによって値段は多少異なる。

主食の醸造ビールを造るとき以外に使う壺形土器には用途別に三種類ある。それはオコダ・ダマ、オコダ・ハルシャ、オコダ・ホラの三つである。いずれも朝の食事か穀物の端境期《はざかいき》の食生活に関連するものである。モロコシの粉とワサビノキ科の *Moringa stenopetala* という樹木の若い葉でつくる団子を煮るのに専用に使う壺形土器がオコダ・ダマである。現地名をミダというこの葉菜はきわめて有用であり、コンソのどの家屋の敷地内にも二・三本は植栽されている。この団子をダマという。豆やキャッサバを煮る専用の土器が、オコダ・ハルシャであり、ハルシャは豆の意味である。豆やキャッサバは三時間から四時間火にかけて煮るので、この土器はいたみがはやい。

毎朝飲むホラを煎じるのに使う土器が、オコダ・ホラである。炒ったコーヒーの葉を煎じてほんの少し塩をいれる。コーヒーの葉を炒るには壊れた土器の胴部や底を使うことが多い。土器は壊れてもいろいろな使い方をする。壊れた土器片は、ものを煮る土器の蓋として使ったり、家屋から家屋へ火種の燠を運ぶときなどに便利である。以上の三つの壺形土器は、比較的小型であり、高さ三〇センチ、胴回りの最大径二五センチ程度のものが多い。この三つの壺形土器は湯を沸かしたり、水瓶としても転用される。

何日もかけてモロコシや小麦をサドル・カーンで粉に挽き、貯めたものを隣近所からも借りてきた土器で団子を作るため煮る。水気がなくなるほど煮て、それを捏ねて団子にする。

主食のチャガを造るのに三種類の専用の土器が使われる。チャガ造りの工程で使われる土器は、比較的大きく高さ五〇センチから六〇センチ、胴回り最大径四〇センチから五〇センチである。まずモロコシやトウモロコシやコムギの粉を水で練って団子にして、団子状で蒸す土器が、オコダ・ハンニャルタである。それに麦芽を加えて発酵させる工程で使う土器がオコダ・プーロダとオコダ・チャガであり、これは火にかけない土器である。チャガは一回に大量に造るので、家屋の敷地内に臨時に四つか五つの炉を仮設する。一軒で造ることはまずなく、数軒で土器やトーマも持ちよって造ることが多い。筆者の調査中に五〇〇人以上に供給したチャガ造りがあったが、通常は一〇〇人から二〇〇人分を造る。チャガ造りは大がかりだが、朝の食事のダマや豆は家屋内の炉で調理する。なお、コンソではチャガは主食であり、酒として飲まれているわけではない。このチャガを蒸留して強い酒ハラゲータを造る。この蒸留装置はチャガを造る時の土器を転用して使う。

これまで述べてきた土器の種類はサウガメのどの家でも普遍的にみられるものである。これ以外に特殊な土器が二種類ある。ヒツジの皮下脂肪から脂肪分を取るとき専用に使う土器はオコダ・ラーダという。これには注口がついている。また子どもの食事用の皿状になった土器があり、これをオコダ・エーレダという。この二種類はどの家にでもあるというわけではない。

以上をまとめると、サウガメでは器形は同じだが大きさの異なる壺形土器を、用途に応じて六種類の専用土器として使い分ける。さらに特殊な用途に器形の異なる土器が二種類ある。主要な機能に即して命名すれば、ダマの土器、豆の土器、コーヒーの土器、ビール用の土器三つ、脂肪の土器、子どもの土器ということになろうか。土器はコンソの食生活にとって不可欠なものであり、ハウダの作る土器はエダンダにとってなくてはならないものである。

5……ハウダの土器の供給量とエダンダの土器の需要量

土器を売る人々

コンソの生活は土器なしにはありえない。しかしコンソの大多数を占める農民であるエダンダは土器を自ら生産しない。それはコンソの階層的序列の劣位に位置づけられるハウダによって担われている。基本的には農耕に従事しない彼らは、土器の生産を担うことによってコンソ社会のなかでエダンダと相補的な関係をつくりあげている。ではこの相補性とはどのようなものであろうか。ハウダの作る土器は、市場を通じてコンソ内へ流通する。まずコンソの市場での物の流通の側面を概観してみよう。

サウガメで土曜日の午後に焼かれた土器は、この日の午後開かれる市場で売られる。コンソ

ウルマラ・ファーシで土器を売るハウダの女。

の市場は開かれる曜日と場所が決まっており、月曜日から日曜日まで必ずどこかで開かれている。その場所と曜日を示したのが、**表5-2**である。コンソの市場が開かれる順番は表のように決まっているので、市の名称は同時に循環する曜日とも対応している。だから、ウルマラ・オンボッコといえばドコトで開催される月曜日の市場を表すだけでなく、この言葉自身が西洋暦でいう月曜日を意味している。

サウガメの土器作りの人々はこれらの市場に土器を売りにいく。なかでももっともよく売りにいくのは、サウガメから歩いて一時間の距離にあるウルマラ・ファーシである。牛の皮に多いときは土器を五つ包み、女が頭上運搬して売りにいく。土曜日の午前に土器を焼き終わり、午後一時か二時ごろ市場に出かけていく。

ファーシ村の広場では火曜日と土曜日に市が開催されるが、前者をウルマラ・ランガイヤといい、後者をウルマラ・ファーシという。ウルマラ・ランガイヤはウルマラ・ファーシより規模が小さい市で、肉を売る人や土器を売る人、雑貨を売る商人はこない。農民の女たちが中心で、主として穀物や野菜を売りにくる。それに対して、ウルマラ・ファーシはコンソのなかでも大きな市で、穀物、野菜、雑貨、織物、壺などを売る人々がひしめきあっている。市の周囲にはコンソの主食であるチャガを売る店やアムハラ、ティグレ、オロモなど高地農耕民の主食であるインジェラを食べさせる店が開店する。また蜂蜜酒であるタッジを売る店も開店し、たいへんなにぎ

表5-2　コンソの市の開催日と開催場

市・開催曜日	市	市の場所
日曜日	ヤンダ市	ヤンダ（ギドレ）
月曜日	オンボッコ市	オンボッコ（ドコト）
	バクウレ市	バカウレ（ガラテ）
火曜日	ランガイヤ市	ファーシ
水曜日	マチャゲ市	マチャゲ（ファーシ）
木曜日	ガラテ市	バカウレ（ガラテ）
金曜日	ゲルゲ市	タルタッレ（ボラナ）
土曜日	ファーシ市	ファーシ

括弧内は村名、ただしボラナは遊牧民、タルタッレはボラナのこの地域の中心地

わいである。開かれる市場と村の距離によって出かける時間が異なるが、通常どの市場も午後三時ごろからにぎわいだす。

コンソ社会以外にコンソの人が出かける市場には二つある。それは日曜日に開かれる農耕民デラシャのウルマラ・ヤンダと遊牧民ボラナの町タルタッレで金曜日に開かれるウルマラ・ゲルゲである。どちらもコンソのバカウレから直線距離で二〇キロほどである。この二つの市には女たちは前日から泊まり掛けでいく。デラシャはコンソと同じような農耕社会であり、言語もよく似ていて市場で言葉は通じる。コンソと通婚関係もあるので親戚の家に泊まることもある。ボラナの町タルタッレに行くときは、運搬の途中でサガン川の近くのミルミッラに野営する。

タルタッレの町は多くの民族から構成されていて、コンソだけが住む一角が町にはある。ボラナの町のコンソは、ほとんどがチャガを飲ませる店を経営している。市場に出かけてきたサウガメを始めとしたコンソの人々がこれらの店でたむろする。ボラナやソマリの人々もコンソのチャガを飲むようになっている。デラシャやボラナの町でもコンソの土器は特異な地位にあり、独占的に売られている。

サウガメを含むコンソの三つの村で焼かれる土器は今まで述べてきたような市場を通じてコンソ中に流通している。そしてコンソ外の民族集団にも流通していて、この傾向は広がりつつある。そこで三つの村で焼かれる土器がどのくらい生産され、市場を通じて農民であるエダンダに供給されるのであろうか。それを知るためには、サウガメの三〇軒の土器作りハウダが、年間どのくらいの土器を生産するのか推定しなければならない。

サウガメの土器作りハウダは一週間に一度土曜日にかぎり土器を焼くことが多い。**表5-3**に示したのは一九九三年の五月から六月にかけて三回の土曜日の観察に基づいた焼かれた土器数である。この時期はモロコシの播種のシーズンであり、わずかであるが農耕地をもっているハウダが農地にでている。一年間のなかでは比較的土器を焼くことが少ない時期である。その他の時期にはすべての炉を使って土器を焼いていると村の人はいう。

この観察は一一ヶ所の炉のある場所でおこなったが、三回のうち同一日に六ヶ所の炉が使われたのが最大であった。そして三回の土曜日に焼かれた土器の総計は二三九個であった。この土器を焼いた人数は延べで三八人であった。平均すると一軒一人で一週間あたり六・三個の土器が焼かれたことになる。この一週間六・三個を一軒のハウダが焼く土器数と仮定すると、サウガメの土器作りハウダは三〇軒であるので年間九八二八個の土器を生産していることになる。

播種のシーズンは前述したようにすべてのハウダが土器を焼くとはかぎらないし、また土曜日以外にも焼く場合があるので、この数字は多少変動する可能性がある。この平均の土器生産数を土器作りに特化した村であるグニャラとガッワダにも適用することが許されるなら、コンソ全体で七四軒の土器作りハウダが生産する土器数は二万四二四二個ということになる。この数字を土器作りに特化した村のハウダの土器の供給量

表5-3　11の土器焼成炉を使った人数と焼成土器数

	土器焼き場	1	2	3	4	5	6	7	8	9	10	11	Total
5月22日	焼成土器数	10	—	21	21	—	—	29	15	—	—	11	107
	ハウダ数	1	—	3	3	—	—	3	3	—	—	4	17
5月29日	焼成土器数	—	5	24	9	—	—	10	—	—	—	—	48
	ハウダ数	—	1	3	1	—	—	1	—	—	—	—	6
6月5日	焼成土器数	—	30	26	6	8	—	4	—	—	—	—	84
	ハウダ数	—	5	4	2	2	—	2	—	—	—	—	15
	計												239
													38
	一戸あたり平均土器焼成数												6.3

とみなす。三つの土器作りの村のハウダは、コンソの農民であるエダンダの必需品である土器を十分供給しているのであろうか。

土器を買う人々

サウガメの農民であるエダンダの生活では、土器は不可欠なものである。土器作りのハウダが、農民であるエダンダの土器の需要に対してどの程度応えているのか。それを知るためには、一軒の家で、サウガメという村レベルで、さらにはコンソ全体でどのくらいの土器の需要があるのか推定しなければならない。

まず一軒の家の土器の保有から出発しよう。サウガメの二二六軒の家から任意に一五軒をとりだし、これらの家での土器の保有状況を示したのが**表5-4**である。これによれば前述したように、脂肪の土器（ラーダ）、子どもの土器（エーレダ）は必ずしも所有していない。平均すると六・七個の土器を所有し、ビールの土器、ダマの土器、豆の土器、コーヒーの土器はどの家でも所有し

混雑するウルマラ・ファーシ。何も売りもしない買いもしない人たちもいる。

ている。この六・七個をかりにコンソのエダンダの土器の平均所有数とみなす。

　すると一軒の家で年間どのくらいの土器が壊れ、新しく購入するのかがわかれば、サウガメのエダンダ、そしてコンソのエダンダの土器の需要量が推定できる。土器は用途に応じて耐久年数が異なると考えられるが、とくに火にかける土器とかけない土器ではそのことが顕著であろう。だから用途別の土器ごとに、現在の土器の購入時期と同じ用途の土器のもうひとつ前の土器の購入時期がわかれば、その土器の耐用年数が算定できる。こうした二つの時期がわかるのであれば、用途別ごとにサンプル数をいくつかとり耐用年数の平均値をだすことができる。これがもっとも正確に土器の耐用年数と年間の需要個数の平均値をだす方法であろう。

　けれども実際はサウガメの村人の大半は、

表5-4　15軒の家の所有土器のタイプと所有数

世帯主	ダマ	ハルシャ	ホラ	ハンニャルタ	プーロダ	チャガ	ラーダ	エーレダ	計
オルカイドー	1	1	1	1	1	2	0	0	7
アッタマ	1	0	1	1	1	1	1	1	7
ヤーダニ	1	0	1	1	1	2	0	1	7
バシュラ	1	1	1	1	1	0	1	1	7
ベケレ	1	1	1	1	0	1	0	0	5
ガラソー	1	1	1	1	1	0	0	0	6
ガダイヤ	1	1	1	0	0	1	0	0	4
ガンディシャ	1	1	1	1	1	1	1	1	8
クンズッサ	1	1	2	1	1	2	0	1	9
カターレ	1	1	1	1	1	1	0	1	8
ガラソー	1	0	1	1	1	1	0	0	5
ガーラ	1	1	1	1	1	1	0	0	6
ガダノ	1	1	1	1	2	1	0	1	8
ジャーロ	1	1	1	1	1	1	0	0	6
ガワド	1	2	1	1	1	1	0	1	8
計	15	13	16	14	14	17	3	8	100 (Ave. 6.7)

（ガラソーは二人いるが別の家である）

今の土器とそのもうひとつ前の土器の購入時期を記憶していることはなかった。現在の土器の購入時期は正確に記憶している。現在の土器の購入時期だけがわかった場合の土器の耐用年数を推定することはむつかしいが、つぎのように推定した。

まず前述した土器の保有状況を示した一五軒の家について、現在の土器のすべてについて購入時期を示したのが**表5-5**である。上段の数字は何年前に購入したのかを表す。これから推論できることは、少なくとも火にかける土器（ハンニャルタ・ホラ・ハルシャ・ダマの四種類）は五年以上前に購入したものがほとんどないので、耐用年数が五年を越えることは稀だといえることだろう。また耐用年数が五年だとすれば、ランダムにとったこれらの土器の何年前購入の数字は等しくなるはずである。実際はそうではなく一年前と五年前のところの数字が少ないので、耐用年数は平均して二・五年とする。それに反して、火にかけない土器（チャガ・プーロダ・エーレダ・ラーダの四種類）は五年以上前の購入も結構ある。そこで火にかけない土器は

表5-5　15 軒の家の年間土器購買数

土器の種類	購買年（何年前に購入したか） 0	1	2	3	4	5	6	7	8	9	10	11	12	13	14	15
エーレダ			3		1				1		1					1
ラーダ				1	1											1
チャガ		1	3	4	2	4		1								2
プーロダ	1	1	3			2	1	3	1		1		1			1
計	1	2	9	5	4	6	1	4	2		2		1			5
ハンニャルタ	1	1	2	5	2	2										
ホラ	1	3	4	1	2	1		2								
ハルシャ	1	8	1	2	1	1										
ダマ	2	3	3	3	3	1										1
計	5	15	10	11	8	5		2								1

少し長持ちするとして三年の耐用年数があると仮定する。どの家も八種類の用途別の土器を重複してもつことは少ないので、土器の耐用年数は単純に平均して、二・七五年としておく。

そうすると一軒の家の平均土器保有数は六・七個であるから、年間に新たに購入される土器数は二・四個とみていいだろう。サウガメのエダンダは一九六軒（二二六軒から三〇軒のハウダを引いた数）であるので、村全体の年間需要量は四七〇個の土器である。さてサウガメの土器作りハウダは前にみたように九八二八個の土器を生産している。つまりサウガメのハウダは村のエダンダの需要量の約二一倍もの土器を生産していることになる。これはサウガメのハウダは村内だけを対象にして土器作りをおこなうことはありえないことを示している。

逆にいえば、もし土器作りのハウダが村内の消費にだけ対応して土器を生産するとすればどうだろうか。一軒のフルタイム・エキスパートの土器作りハウダは年間三一七個（六・三個×五二週）の土器を生産するので、村内に一軒ないしは二軒の土器作り専門のハウダが存在すれば十分である。かりにハウダがエダンダから析出しようが、あるいは他のエスニック・グループ起源であろうが村内だけの消費を対象にすれば、なんらかの社会的規制を加えてハウダの戸数の増加を抑制しないかぎり存在しえない。ハウダの増加もエダンダの増加と同じように許されて、なおかつ村内だけの土器の需要に応えるとなればフルタイム・エキスパートとしては成立しえない。それは必然的にある技術に特化する職能集団ではなく、農耕もおこなうパートタイム・エキスパートへの方向に向かったにちがいない。つまり生業を複合化することで生計維持を図る選択の道もあったかもしれない。

しかし村内で生活様式が自給する方向ではなく、他の村と市場を通じてネットワークを形成する土器作りの特化の方向をサウガメは選択したと考えるべきであろう。かなり仮定の数字が入った上でのことであるが、それでもサウガメの土器作りハウダの作る土器の量が、サウガメの農民であるエダンダの需要量をはるかに凌駕したものであることはいえるだろう。はるかに凌駕した量が、村外の市場に商品として売買される。つまりサウガメのハウダにとっては、村と村を結ぶ市場という結節点のネットワークがあってこそハウダという職能集団の生活が維持されるといえる。最後にコンソ全体の土器の需要量と供給量の関係をみてみよう。

コンソ全体の世帯数については先に一万二〇〇〇と推定しているので、土器の需要量は二万八八〇〇個(二・四個×一万二〇〇〇)となる。コンソ内で土器作りに特化した三つの村のハウダの軒数は七四軒であり、これから推定される土器の生産量二万四二四二個であった。これは土器の需要量が供給量を若干上回っていることを意味している。このことはコンソの土器作りのハウダが、フルタイム・エキスパートとして不可欠な存在であることを示している。

エダンダの食生活に必要な土器を生産するハウダは、この程度の数量的な階層分化で十分生産と消費の平衡を保つ。以上の推論にはいくつもの仮定があり、とくに土器の耐用年数については推計として異論があるかもしれない。平均寿命を算出するのと同じようなデータを得ることができればもっと正確になるであろう。こうした方法を精緻に検討すれば、農耕社会の階層分化について生態学的アプローチが可能であろう。

6……土器需給のバランス

サウガメのハウダによる土器の年間生産量は、サウガメのエダンダの年間需要量の二〇倍近くあることはまちがいない。サウガメのハウダはサウガメ内に閉じこめられた存在ではなく、コンソ全体の社会経済的な脈絡から考えなければならない存在である。農耕社会の村落内に職能集団が存在して、階層的な分業をおこなう場合、もしそれが自己完結的な社会ならば土器作りについてももっと少なくてもすむはずである。実際はそうではないということは、こうしたあり方はサウガメだけで消費する土器を生産する職能集団ではなく、コンソ全体に寄与している職能集団であることを示している。

今までみてきたように、サウガメのような村がわずか三つあれば、コンソ全体の三四の村の土器の需要に対応できる。土器作りというフルタイム・エキスパートに関するかぎり、戸数からみると七四÷一二〇〇〇×一〇〇＝〇・六％の存在である。土器の生産と消費が平衡していれば、階層分化による分業はこの程度の数値が閾値であると考えられる。鍛冶や織物などがどのような生産と消費の関係なのかはわからない。今後、これらの需要と供給は具体的にみていきたい。土器については、この閾値を越えれば、分業の成立がむつかしくなり、生産が消費を上回ることになる。それでも分業を維持するとすれば、商品としての土器はコンソ外に流通させていかなければならない。

コンソの織物はかつてハウダが専業的に生産していたといわれる。現在ではコンソの男の仕事となっている。この織物はすでにコンソ内の需要と供給の平衡はくずれ、織物は仲買を通じてかなり広いエスニック・

グループ間に横断的に商品として流通している。ハウダ－エダンダ関係はかつて歴史的に後者が起源の異なる前者を併合したものかもしれない。どのような経緯であれ、ハウダは職能集団として土器作りのフルタイム・エキスパートに成長していき、階層的な被差別層に組み込まれていった。過去におけるハウダ－エダンダ関係が人口増加によりその動態的関係が変化し、現在の階層的構造をもつにいたったのであろう。

しかしエダンダがハウダを賎視する関係は、調査当時では大きく変わりつつあった。そのもっとも大きな原因は市場の隆盛にある。ハウダはこの市場の隆盛を支えているので、賎視するにはあまりに大きな経済的な力をつけてきているからである。分業という規矩が守られるならば、分業は村落間の結節点である市場をどんどん拡大する方向に作用する。つまりコンソの市場やその近隣集団での市場は、鍛冶、土器作り、織物の仲買、家畜を解体して売る商人、酒を売る商人などハウダによって担われ、発展していく。

コンソでは三四の村があり、毎日定期的に決まった市場が開かれている。市場の経済的発展は生産品の差異化の拡大によってもたらされる。ハウダは商品の差異化を進める原動力である。このコンソのきわめて活発な商活動の一部を担うのが、サウガメの土器生産である。ハウダはこうした換金経済を通じて富の蓄積をはかり、サウガメのようなコンソのなかでは奥地の村では、農地を購入し農民化への志向をもつ。道路沿いの人口密集地では、ハウダから織物の仲買、チャガを飲ませる店などを経営する商人が出現している。つまりコンソにおける階層化は職能集団のもつ商品を通して強化されるが、一方市場の拡大を促進し仲買など新しい階層を生みだす。この方向性がコンソという民族集団を越えて、周辺のエスニック・グループに横断的な商人さえも生みだしている。この重要な社会経済的なダイナミズムが今まさにコンソで進行している。

第6章

土器と織物の村

——分業は不平等社会への橋渡しとなるか

朝、村から100メートル下の水汲み場に行った子どもたちが、帰る途中、畑にいる異国人の私を認め、頭上運搬しているヒョウタンを掲げたまま観察している。コンソでは小さな子どもでも男は頭上運搬であり、女は肩に背負子のように担ぐ。私がナップサックを担いでいると、「女みたいだと」子どもまでからかう。しかし、頭上運搬にしろ肩に担ぐにしろ、彼らの山歩きは異様なほど早い。また闇夜でも平気で歩く。月など出ていれば日中とまったく変わりない早さである。

コンソの社会は富の蓄積を許し不平等を拡大する方向に踏み出したかのようにみえる。しかし、主食が醸造ビールであり多くの人びとが共食しなければならないことは人びとの意識を平等に戻すベクトルとして働く。醸造ビールを造って売ることによって成り立つ社会なのだから全員が商人なのである。ひとりの人の突出を許さないのは全員が商人だからである。つまりこの社会は平等と不平等の二つのベクトルの働く動的平衡の社会なのではないか。

1……はじめに

フィールドワークこそが他者理解のもっとも有効な方法ではないか。異文化研究ではとくに必要不可欠な方法ではないか。現在では死語になっている言葉であろうが、五〇年程前には「未開と文明」と対比的に語られるような文化については、その地のフィールドワーク以外に理解の方法がない。そうして相手の文化や社会と格闘しながら、可能な限り他者を生きてみるという共感でその社会を記述する民族誌を目指してみたいと願う。私にとってはそうしたフィールドワークによる異文化研究は、エチオピア南部の有畜農耕民コンソであった。第1章から5章までは、コンソという私たちの文化ではなかなか理解できない文化や社会やそこに生きる人びとを理解しようと格闘してきたフィールドワークの記録である。そしてフィールドワークというのは他者を知ることによって自らを知ることでもある。コンソという鏡によって私たちが帰属する社会の当たり前がひょっとする当たり前ではないのかもしれないことを炙り出してくれる。その意味ではコンソの文化や社会は本当によく映る磨かれた鏡である。

今までの1章から5章までがコンソ民族誌のようなものだとすれば、6章は民族誌から炙り出された人間の文化や社会の普遍的な問題について省察したものである。6章が問題としていることについては「はじめに」でも記したように、伊谷純一郎と掛谷誠というアフリカ研究者のすぐれた先行研究が刺激となっている。彼らが述べなかった領域について省察を加えたいというのがこの第6章の眼目である。その眼目とは私が一九九〇年から一九九八年まで調査してきたエチオピア・コンソ社会のなかで論じてみたかった問題群であり、階層発生論、分業発生論の二つの領域に関わることである。

コンソの農耕文化全般については第3章で述べているので、ここでは論じる内容と関係のあることについてのみ概略を要約しておく。コンソはエチオピア南部に住む有畜畑作農耕民である。

一九九〇年現在では人口約一〇万人、集落は三四あり、人びとは山上に密集して暮らしていた。山上に住み、山の上から下まで円錐形の下部に向かってストーン・テラシングが延々と続き、畑の境界の外側には敵対する遊牧民（南側にボラナ、西側にハマル、東側に有畜農耕民ブルジ）が生活する。

主要な作物は、モロコシ、コムギ、トウモロコシ、タロイモ、シコクビエなどで、これらはサドル・カーンによって粉にされ、すべてチャガという醸造ビールの素材になる。醸造ビールが主食であり、一日三回の食事の内、朝を除き二回醸造ビールを飲む。朝はコーヒーの葉の焙煎で煮出したホラという飲み物とコムギやトウモロコシの粉にミダという木の葉（*Moringa stenopetala*）と一緒に煮たダマという団子を食べる。

遊牧民に囲まれ特異な農耕を営むコンソは私が調査していた時点まではほぼ完全な自給自足的な農耕民であった。しかし、貨幣による市場は発達していて、コンソ内での農産物、土器、コンソ外からの古鉄、雑貨品、衣類などはよく流通していた。市場にでてくるのはいつも同じようなものばかりで、コンソ内の生産物が主たる産物なので、どうして市場が必要なのか当初は疑問であった。これは三四の村のうち土器を作る村は三村であり、土器の流通のために市場が必要なことが後にわかった。またヤギ、ヒツジ、コブウシも屠殺後は肉の早い買い手が必要なので不特定の売り手と買い手が集う市場が必要である。コンソ内生産物しかなかったとしても市場はなければならない社会システムのひとつである。この点については後ほど詳述したい。

コンソは灌漑施設やストーン・テラシング、家畜の糞と作物収穫後の茎葉で作られる堆肥、無意識にリスク回避が内包されている多種多様な作物の特異な混植栽培などによって特徴づけられる高度で洗練された農耕技術をもっている。この洗練された農耕文化は自生的な集約的農耕であることがまた大きな特徴である。

掛谷誠はアフリカにおける集約農耕の意義について論じている。ヨーロッパの農耕文化がヨーロッパ的な

ウルマラ・ファーシの牛市。市場ではだいたい端っこのほうを陣取って、台の上で肉を売るところや生きたコブウシ・ヤギ・ヒツジを売買する家畜市がある。

集約農耕だとすれば、アフリカではアフリカ的な集約農耕文化が自生的に発展を遂げていて、コンソはその典型的な例として掛谷誠も挙げている。[1] アフリカの多くの地域では集約農耕はみられず掛谷が長年調査してきたタンザニア・トングウェの焼畑農耕文化にみられるように、アフリカ大陸には非集約的農耕と呼ぶ農耕文化が一般的には展開していた。掛谷はアフリカの非集約農耕に基づく非集約的生活様式とヨーロッパ・日本などの集約農耕に基づく集約的生活様式という二つの様式を生活原理の視点から対比して、アフリカの農耕の特徴を見事に表した。それを表したのが**表6-1**である。[2] この対比は今後のアフリカの農業のありようについて考えるときわめて重要な意味をもっている。もっとも重要なことは、アフリカの農業の近代化が欧米や日本と同じ軌跡を辿るのではなく、もうひとつの近代の道を探るうえで重要であるからである。この主題については、志半ばで急逝した掛谷誠が研究人生の後半に掛けた思いであったが、ここではこれ以上は述

表6-1　2つの生活様式（掛谷誠「焼畑農耕民の生き方」高村泰雄・重田眞義編著『アフリカ農業の諸問題』京都大学学術出版会、1998年より）

非集約的生活様式 （エキステンシブな生活様式）	集約的生活様式 （インテンシブな生活様式）
非集約的農耕（エキステンシブな農耕）	集約的農耕（インテンシブな農耕）
低人口密度型農耕	高人口密度型農耕
「労働生産性」型農耕	「土地生産性」型農耕
多作物型	単作型
移動的	定着的
共有的（総有的）	私有的
自然利用のジェネラリスト （農耕への特化が弱い）	自然利用のスペシャリスト （農耕への特化が強い）
安定性	拡大性
最少生計努力（過小生産）	最大生産努力（過剰生産）
平均化・レベリング	差異的
遠心的	求心的
分節的	集権的

べない。

以上に記したとおり、掛谷誠が後半の研究人生で焦点を当てて研究してきたのが、アフリカ型の集約農耕である。アフリカ諸国が多く非集約的農耕文化であった時に、不幸にもヨーロッパの帝国主義・植民地主義と遭遇してしまった。エチオピアがこのヨーロッパの帝国主義や植民地主義を自らの手で排除したのはアフリカでは例外的なことであった。そうした中に、ヨーロッパ文明の北の生活・生業の原理ではあるが、アフリカの自生的な農耕文化にとっては生物多様性を破壊するプランテーションという栽培文化が導入され（もちろん中緯度から高緯度のヨーロッパでは適応的な農耕であったが、生活・生業が原理的に異なる地域にヨーロッパ的な農耕技術を外挿したことが環境破壊にとどまらず生活文化の破壊作用をもたらしたこと）、現在の状態になったと考えられる。プランテーション農耕によってアフリカの伝統的な非集約農耕文化も徹底的に破壊され、わずかに各地域に残存したが、その典型が掛谷の研究したトングウェ焼畑農耕文化である。(3) そして広範に展開していた非集約農耕文化のなかからコンソのような不毛な地（玄武岩が露出した極端に痩せた地）において、アフリカ型の集約農耕文化がわずかながら発達していた。これまたアフリカのなかでは伝統的な農耕文化という意味で我々の前にプレ・モダンのヨーロッパ文明の洗礼を受けなかった姿をみせたのは希有のことであった。エチオピアは最近までヨーロッパ文明の悪しき洗礼を受けなかった希有の場所であり、とくにエチオピアの辺境においてはかつて人類学者が調査を夢見たいわゆる遅れた社会がごく最近まで存在していた。エチオピア南部にはさまざまなエスニック・グループが存在するが、日本の人類学者としてこの地域の研究に先鞭をつけたのは福井勝義であった。彼のボディ族研究によってこの地域の牧畜民研究は大きな進展をみた。また彼が率いた人類学者によって、牧畜民のみならず農耕民研究も大きく進展した。

コンソの集約的農耕とヨーロッパや日本の集約農耕の大きな相異は二点ある。ひとつは**表6-1**の単作型がコンソにおいては多作物型であるという点である。もうひとつはヨーロッパ型農耕は自然利用のスペシャリストということに対してコンソは自然利用のジェネラリストという点である。コンソは畑作農耕への特化が強いにも関わらず、家畜飼養、土器作り、織物作り、蜂蜜採りを含め貧弱な自然を徹底的に利用している。

伊谷純一郎はアフリカのさまざまな地域においてさまざまな生活様式をもつさまざまなエスニック・グループを、「自然に埋没する人びと」と「自然を開発する人びと」の二類型に分類した[4]。ヨーロッパ近代の農耕文化（化学肥料投入や機械化そしてプランテーション技術など）の影響を受けていないアフリカの伝統的な農耕文化という意味でいえば、トングウェのような非集約農耕が自然埋没型になり、コンソのような集約農耕が自然開発型ということになる。

コンソの農耕文化が、アフリカにおける自生的な自然開発型の伝統的集約農耕であることは、不平等を生みだす重要な契機がこの社会のなかにあるかもしれないと予想させる。コンソ社会がやがて余剰や資本を蓄積し、生産性を挙げるために未来に投資するという野心家が出現する可能性は否定できないが、少なくとも農耕地を拡大し家族数を増やし（コンソは一夫多妻を認める社会）裕福になることを志向する動機はもっている[5]。そうした契機がある一方で生産に携わらず生産物の流通だけに従事する商人の少数の発生はあるが、それはコンソ社会を根底から変革するほどではない。したがって、生活世界を考えてみた時、基本的には生活の衣食住に関わる物質文化は集約農耕であるにも関わらず自給的農耕生活であることは、私がこれから進める論においては最も重要な点であることを強調しておきたい。コンソの人びとの主食がチャガという醸造ビールであることもこうしたことを考察する上で重要な意味をもってくると考えられる。醸造ビールは各家が不定の順番で造るが、醸造ビールは売買されるものであり貨幣を通じて若干の利益を得る行為である。その意味ではコンソはすべての人が商人になり得る萌芽性を秘めているといえる。この点こそ第1章で筆者がコンソと最初に遭遇して驚いたことであるが、コンソの吝嗇は商人の発生や階層の発生と関連する重要な資質なのかもしれない。

もうひとつ強調しておきたいコンソ社会の特徴がある。エチオピアは支配民族アムハラやティグレなどの高地農耕民やその周辺に占拠するオロモ、また商人として活躍するグラゲなど約七〇のエスニック・グループから構成されている。中には王国を発達させたところもあるが、エチオピアが他のアフリカ諸国と大きく異なるのは、ヨーロッパ帝国主義の時代に植民地支配を受けなかったことである。イタリアが一八九〇年代に五年ほどエチオピアに侵攻したことがあるが、一八九六年アドワの戦いでエチオピア軍によってイタリア軍は撃退されている。しかし、リベリアとエチオピアを除いて一九一四年までにはアフリカ全土はヨーロッパ諸国によって植民地支配のため分割されてしまった。エチオピアがヨーロッパ文明の支配や略奪に晒されなかったことは、エチオピアが他のアフリカ諸国と同じようには欧米化しなかったということを意味する。

私たちは今日世界のどこへ行っても欧米化という名のグローバリズムをみるし、とくに経済のグローバリズムはいわゆる南北格差をさらに増大させているし、欧米および日本経済が（最近では中国経済も含んでいる）元凶である地球規模の環境破壊は目を覆うばかりに進行している姿をみる。エチオピアも一九九一年の社会主義独裁政権の崩壊後の政治的変化で緩やかな資本主義化に向かっていて、やはり政治・経済のグローバリズムに今日飲み込まれようとしているようだ。しかし私が調査していた一九九〇年から一九九八年はまだプレ・モダンの政治体制とくにエチオピアのなかで辺境とみなされていたコンソなどは国民国家の周辺というより社会主義独裁政権であった中央政府からほど遠い自治的で自律的な民族集団といったほうがふさわしい状態であった。中央政府から見れば周縁的で行政政策の行き届かない民族と言った方がいい。もちろん中央政府の支所はあり、カバレという社会主義政権時代の行政組織が存在はしていたが、コンソの伝統的な組織であるクランなどもコンソ内では政治的に十分機能していた。もちろんエチオピア内での民族間のコンフリクトやヒエラルキーあるいは遊牧と農耕との対立や葛藤などを内包してはいたが、コンソは比較的周辺のエスニック・グループのなかでは自律的で内発的な発展を遂げた農耕社会と考えておいていいのではないかと思う。このふたつの大きな特徴をもっている故に、階層論や分業論を論じることが可能な社会といえる。

2……不平等社会起源論

さて、以上のような前提が許されるならば、コンソの社会構造を規定する内在的な条件とは何であろうか。この内在的な条件によってコンソにおける階層の発生や分業の発生を説明できるかもしれない。ではこのことを論ずるための主要なテーマとは何であるのか説明してみたい。伊谷純一郎の多岐な分野にわたる論文のなかでもっとも人類学上重要な論文は「人間平等起源論」[6]である。これは人間の社会進化の初期の段階では、ルソーの不平等起源論を書き直して先験的不平等から条件的平等という霊長類から人間の初期に至る前史を現実に存在する多様な社会をベースに論じたもので、数ある二〇世紀後半の人類進化論のなかで傑出した重要な論文である。この論文の重要性については寺嶋秀明が『平等論――霊長類と人における社会と平等性の進化』のなかで委細を尽くして論じている。[7] 彼は政治学、経済学、人類学における平等論を広く渉猟し、そのなかで伊谷の論考を位置づけその重要性を説いている。私がここで論じてみたいと思うのは、伊谷が書かなかった、条件的平等からさらに次の段階にある社会的不平等の起源の問題である。この論文のなかで伊谷は狩猟採集民ムブティ・ピグミー、焼畑農耕民トングウェ、さらには遊牧民のトゥルカナさえもが「社会的不平等への敷居を跨ごうとして跨げない人々」だといい、社会的不平等への畏懼をもつ社会であるとした。つまり「余剰の物に対する畏れ」が「規矩」となっている社会だという。そしてこの「人間平等起源論」の最後で平等から不平等への社会への展開について次のように嘆いた。

「アフリカにおいても、豊かな地域では、王国が生まれ、そして栄えた。そういった国々は、条件的平等の世界から社会的不平等の世界へ自然的移行をはたしえたのかもしれない。しかし今日の錯綜とした世情にあって、ルソーのいう一般意志の理論が働きうるような、きれいな社会的場は望めないように思うのである」

伊谷のこの論文が公になったのは一九八六年であり、この時私はまだコンソの調査を行っていなかった。しかし、一九九〇年以降コンソ社会の調査を始めて、この社会は伊谷の論文に書かれていない平等社会の次に展開した不平等社会の原型的な姿を留めていて二〇世紀の後半の私たちの前に突如姿を現したと思ったのである。つまりコンソの社会はルソーのいう一般意志の理論が働きうるような、きれいな社会的場であると思った。コンソ社会においては、生産手段（農業と遊牧のための土地）の支配は税という形態でエチオピア政府に従属しているが、辺境、少数民族、玄武岩地帯の不毛な土地に住む人びとなどの理由で極端に低い税率である。その意味では強制と搾取の経済関係とそれに対応する形で従属と支配の社会関係は生産組織には生じていない。つまり王権や国家が備える収奪と再分配の機能をもつ権力構造をコンソ社会はもっていない。生産組織は地方的であり家族単位であり、自給的な農耕社会の域を出ない。また市場もコンソ内に一週間に一度ずつ七ヶ所で開かれているが、市場に出回る商品はほとんど農作物と土器、肉類、衣類（外部からの流入品と自給品）など主たるものはコンソ内の生産品であって、交換により生じる富や商業資本への刺激は欠如している。コンソの外部に出ていく商品は、余剰の織物、タバコの葉、コーヒーの豆、ヤギ・ヒツジの皮が主要なものでそれぞれ仲買人が市場で買い入れる。しかし、量的にはそれほど多くのものではない。外部から入ってくるのは古鉄（これはコンソ内の鍛冶屋が購入）、塩、ケニア製のTシャツなどで量的には極めて少ない。

「条件的平等から社会的不平等の世界への自然的移行」は伊谷の言葉でいえば、「余剰の物に対する畏れのない」状態、そうした余剰の物に対する畏れという規矩がなくなることを指す。しかし、余剰の物に対する畏れが規矩としてなくなってしまったからといって、ただちにそこで生じた不平等が王権などの収奪と再分配の構造につながるわけではない。むしろ発生した不平等をただちに解消してしまう仕組みが新たに組み込まれると考えられる。このような意味で、コンソ社会は不平等の起源を議論する上での、格好の場であると言える。

コンソにおける階層論、分業論を論じる前にもうひとつ述べておかなければならないことがある。それは分業の発生を論ずるためにきわめて有効であると考えられる民俗学者・安室知が提唱している複合生業論である。これは日本社会のなかで生きてきた人びとの生業活動を、生計維持システムとして捉えなおすことが主要な視点である。これによって安室は日本の農耕社会の中に生計や生業の複合性の観点から二類型を見出した。これは今までの動態を無視した静態的な文化類型論とは異なって、文化の内発的な志向性を含んでおり、日本民俗学の重要な発見であるといえる。安室はその視点を「筆者は稲作文化や畑作文化といった生業技術を代名詞とする従来の民俗文化類型はひとまずおいて、「単一生業」志向と「複合生業」志向といった捉え方で類型化し比較することを主張する。このように考えれば、生計維持活動の実態を損なうことなく日本の民俗文化を複合生業の様相とその変遷という観点から捉えることができる」と述べている。(8)

安室の民俗文化類型は次のふたつである。ひとつは内部的複合生業と彼が呼ぶもので「そのときとくに貨幣経済・商品経済の浸透が十分でない段階では単一化した生業構造の社会にもさまざまな工夫によって複合生業をその中に取り込むことができる。それを内部化の機能と呼んでいるが、そのようなあるひとつの絶対的な生業が存在し、その内部に取り込まれる形でのみ存在する生業が内部的複合生業ということになる」(9)と説明している。具体的には日本の稲作地帯が優先する地域でしばしば行われる水田養鯉・水田養鮒などはその典型である。近くに河川があるにも関わらず水田稲作の生業論理に組み込みやすい養鯉・養鮒の漁業を水田内に取り込むことで内部化するというものである。この内部化は例えば養鯉ならば養鯉に費やされる労働や労働の時間（季節や期間）も水田という生業に制約される形で水田の労働や季節に取り込まれることを意味している。

今ひとつの外部的複合生業とは、「かつて筆者が並立的複合と呼んだものと基本的には一致する。内部的複合と違って、とくにひとつの生業だけに特化することなく、並立する複数の生業を維持しようとする傾向性をもつ社会である。農耕・漁撈・狩猟・採集・諸職・商・工といった各生業が選択的に組み合わされる複合のありかたである。その生業も他の生業を時間・空間・労力の上で内部に取り込む形では存在しない」(10)と説明している。これは近代や近世における山奥の山村の生業を考えればその姿を容易に想像できる。

この安室の生業論で重要なことは一つの生業と他の生業との関係について、仮に一つの生業が特化すれば他の生業の時間・空間・労働を内部に取り込もうとするし、反対に特化する生業がなければ他の生業の時間・空間・労働を内部には取り込もうとはせずに並立するということである。これは実は生業複合論だけにとどまらず階層の発生、分業の発生の機序たりうるのではないかというのが、ここでの議論である。安室の複合生業論は日本の稲作・畑作・漁撈・狩猟採集・諸職などを視野に入れた日本文化論として提唱されたが、この理論はいわゆる畑作農耕民の文化論にも応用できるものではないか。そして生業論を越えて階層論や分業論にまで踏み込める議論ではないだろうか。

安室の言う内部的複合生業のなかで、生業のあいだで生じる作用つまり他の生業を取り組むことを内部化、外部的複合生業でいくつかの生業が並立すること（内部化できないという意味であるが）を並立化とここでは呼んでおく。コンソの生業論を考える上では安室は特化する生業を日本社会の研究故に稲作としたが、コンソでは特化した生業はストーン・テラシングの畑作である。そして内部化しやすい生業と内部化しにくい生業という視点で、コンソの遊牧、土器作り、鍛冶屋、機織りなどを考えてみたいのである。この論述ではとくに土器作りと機織りに焦点をあてて考えてみたい。

3……土器と織物の分業論

コンソの分業論、階層論を論じる分析的な枠組みは以上で用意できた。では具体的にコンソの社会を一般意志の理論が働きうる、きれいな社会的場とみてこの問題に入ってみよう。調査年によって幼児の死亡があったりして、正確に計ることが不可能であったが、一九九一年当時コンソは三四のパレーダ（村）、サウガメ村人口約一五〇〇人として話を進める。三四のパレーダはメンギスト社会主義独裁政権（一九九一年に崩壊）時代にカバレという行政・司法組織の単位に編入されるが、パレーダとカバレの単位は重なっている。けれども一九九一年に隣村の戸数約四〇〇戸のゲラ村とカバレは一緒になり、ゲラとサウガメで六人のコミテーダ（役人）が村人の選挙によって決まり、彼らが行政を執行する。といっても大きな仕事は村内のトラブルの調停とわずかな租税の徴収である。

租税は一年二〇ブルである。エチオピアの通貨単位は、ブルであり、一ブルはさらに一〇〇セントとなる。紙幣はブルで発行されていて、セントはすべてコインで発行されている。五セント、一〇セント、二五セント、五〇セントのコインがある。日本の近世社会では五公五民とかいわれた過酷な物納の税があったが、二〇ブルはどの程度のものであろうか。そのため彼らの食生活にかかる費用からこの租税の比重を考えてみよう。食生活にかかる費用がどのくらいなのか、なぜ分かるのか説明してみたい。またどうして租税がこの分業論、階層論に関係するのか後に述べてみたい。

コンソは一日に四回の食事をとる。朝はパサーサ（ホラとキャッサバや豆類を煮たもの、あるいはモロコシ団子をミダの葉と煮たダマ）、昼はピーファといいチャガ（モロコシ、コムギ、トウモロコシなどから作る醸造ビール）、夕飯はオエナといいチャガ、夜寝る前の簡単な食事をエドダといい、ダマか豆類や芋類である。このエドダはとったりとらなかったりするので食事は三回の場合もある。

本論のテーマと関係する主食チャガの重要なことは、醸造ビールは家族分だけ造ることは不可能なので大量に造ることである。つまり毎日の食事はどこかの家で造られたチャガをお金をだして飲みにいくという食生活を強いられるという大きな特色がある。

さてこのチャガであるが、どの家で造られるチャガも大きなヒョウタンで一杯ならギンボーダといい一杯四〇セント（一ブル＝一〇〇セント）、小さいヒョウタンで一杯ならインビラといい、一杯は二〇セントである。大人はギンボーダ一杯を一回の食事、子どもはインビラ一杯程度である。この値段は一九九一年のコミテーダの指導によってギンボーダは三〇セント、インビラは一五セントに引き下げられた。サウガメの平均世帯構成員は約七人である。一九九一年当時サウガメは二二六世帯であったが、年齢別の正確な人口構成など調査することは不可能であったので、食費の計算は全て大人と考えて最大値をとりたい。すると一日に大人二杯とすると費用は年間〇・三×二×七×三六五＝一五三三ブルとなる。この食費から考えると一戸二〇ブル／年の租税はきわめて低いものであることがわかる。実際には家同志でツケの廻し合いで相殺されることが多いので、現金がこれほど動くわけではない。食事のチャガ飲みは数人で行われる。一人が購入したギンボーダを仲のよい数人が回し飲みをするのである。こうした時の貸し借りは一種の互酬的なもので、次は数人のうち誰かがギンボーダを購入し貸し借りが帳消しになっていく。一回の食事で数百人が数人ずつこうした飲み方を行っているので、これを数量的に確かなものとして確認をとることは不可能であった。因みに朝の食事はどの家に行って食べてもいいのである。親戚の家に行くことが多いが、仲のいい友人の家でも、隣近所でもいい。相互に人が家々を行き交うことになり、朝の食事はすべて互酬的な交換で成り立っているともいえる。私が下宿していた家でも毎朝一〇人前後の人が食事を一緒にしていた。時にはこのメンバーが替わるし、また下宿の家の主人はほとんどいたことがない。他人の家で朝の食事をとっているわけである。つまり主食のチャガを含めてコンソの社会は食料の自給自足の社会なのであるが、たまたま主食のチャガが自家消費用だけには生産できないので貨幣による売買にたよらなければならない。食料は自給自足であるにもかかわらず貨幣が必要な社会であることが食料費の算出を可能にしているし、そのなかに租税の占める割合が算定できることになるのである。

山上の集落では一戸の家のコンパウンドにヤギ・ヒツジ・コブウシをほぼ一頭ずつ飼っている（一〇〇メートル下の出作り小屋では家によっては多数の家畜を放牧している）。コブウシは一頭七〇〇ブル、ヤギ・ヒツジは一頭四〇ブル前後で市場で取り引きされる。チャガはトーマと呼ばれる木製の槽《ふね》ひとつでギンボーダ約七五杯分程度の量を造る。造るときは他から足りない槽を借りて三槽ぐらい造るのが普通である。一人一杯のチャガを注文してそれを数人で回し飲みするのであるが、仮に一人で飲むとしても一〇〇人以上の分量である。これぐらいの人が造っている家に必ず集まるので、毎日宴会のようにみえるわけである。

さて、租税の食費に対する割合がほとんど無視できるほど低いことが、階層論、分業論に関係すると述べた。それは租税がその社会に重圧を与えて重層的社会への構造化を促したり、王権の支配体制の強化と関連するからである。しかし、コンソでは租税によって階層化や分業化を促すことはありえなく、別の原因によって階層化や分業化が生起した可能性があると述べてみたいのである。王権のような富の収奪と再分配の支配構造がなくとも、階層化や分業化がコンソでは起こっている。その基本的な要件とは二つのことが考えられる。

ひとつはエダンダの人口増加である。伝承ではサウガメ村は山上の二二軒の家から出発した。山の上からサガン川に向けて円錐状に広がる畑を上から開墾し、ストーン・テラシングを山麓まで拡大し、立派な農耕地に開拓していった。私が調査した一九九一年では二二六軒になっており、一九九八年にはさらに枝村が二つできていた。開拓の最前線は遊牧民ボラナのテリトリーとなっている山上から九〇〇メートル下のサガン川流域にまで展開しており、ボラナとの間で武力によるコンフリクトさえ起きていた[11]。

農耕地をボラナのテリトリー内に作らなければならないほどコンソ社会の人口増加は著しい。そうした人口増加にともなって農地を持てない人びとが析出してくるのである。コンソは土地などの財産は長男子優先相続であるので、土地を持てない次三男がどんどん増加してきた。私の調査中にエダンダの農民が土器作りに転換しハウダになった例はないが、過去にそういうことが起きた可能性は高い。

分業化や階層化を促進する要因としてもう一つはコンソの場合は消費の共同性も考えておかねばならない。通常は消費の共同性を維持することは階層化や分業化を阻害する要因として働きそうであるが、コンソの場合は消費の特殊性によって反対の働きとなる。コンソの固有の食事体系ではエダンダでさえ個人所有としてもっている農地が十分あったとしても食事を自給（自分で作った食事を自分だけで食べるという意味での自給）できない。それは主食が醸造ビールであり、醸造ビールは毎日家族分だけ造るわけにもいかないし、大量に造って家族だけで消費していくことも不可能である。それは発酵がどんどん進んで食料にはならないからである。つまり大量に造って、村内で金銭によって売り買いすることが可能でなければ消費できない。しかも貨幣によって購入されたチャガは、回し飲みという一種の互酬的な行為によって消費の共同性は維持されている。少々お金がなくとも食事にありつけないことにはならないのである。コンソの食事は人類学者・掛谷誠が「アフリカの農民社会では消費の共同性はあっても生産の共同性は少ない」(12)と言ったことがまさにあてはまる。もっともコンソでは少ないけれども生産のための共同労働は存在する。これをアルマゴーニといっている。それはともかく、この消費の共同性を支えているのは、大量に造られる醸造ビールであるが、その醸造ビールを造るのには大量の土器が必要なのである。この大量の土器の需要があればこそ土器作りはフルタイム・エキスパートの土器作りたりうるのである。コンソの毎日の食事は宴会のように多数の人が一軒の家で造ったチャガを飲むが、このチャガを造るのに必要な土器は一軒の家の土器では足りない。隣近所や親族から借りて造る。チャガ造りのための土器は大量に必要であることが、土器作りの集団の専業化を促進したにちがいない。コンソは金属器の容器の存在を知ってはいるが、仮にそうした金属器の容器が市場にでたとしても高価で購入する人はいない。

コンソのエダンダでは、主食に関して原料は自給できてもチャガ造りは自分の家のためにだけ食事をつくることはできないという特異な制約がある。主食醸造ビールは貯蔵もできないし、家族分だけ造ることもできないからである。農地を基本的に所有できないハウダは市場を通じて土器や鍛冶製品・修理技術を売って金銭を得、その金銭で村内のエダンダが造った醸造ビールを買うしか生きる方法はない。したがってハウダが生きるためには市場が存在すること、貨幣経済が浸透していることが条件になる。さもなくばハウダはエダンダに隷属するしかないが、そのようにはなっていない。こう考えると市場、貨幣経済、土器作り分業化は、相互に依存している関係である。その同時的存在は不可欠であり、発生論的には同時でなければならない。

ハウダがコンソ社会のなかで生きていくためには、エダンダの需要する土器をハウダがその需要に対応して供給できていなければならない。つまりエダンダの土器需要量が、ハウダの土器供給量を制限していることになる。実際、三四のコンソの村のなかで土器作りは三つの村しかなく、土器供給量は土器需要量を下回ると推定できる。これについては第5章においてハウダの供給する土器量とエダンダの需要する土器量の問題として詳細に論じた。土器の需要量・供給量の推定値は食物をめぐる生態学的な問題に還元できるのではなかろうか。実際には起きていないが、もし土器の供給量が需要量を上回れば、市場での土器の値段は下がり、ハウダは食料費さえ稼ぐことができないからである。したがってそれを回避できるのは需要―供給のバランスがとれた土器の生産をするか、あるいはコンソ外の社会に市場を拡大させていくしかない。しかし後者の様相は一九九一年段階では大きなものではなかった。敵対する遊牧民・ボラナの町タルタッレでは市場が開かれるとコンソの女たちが土器を売りに来ていることはしばしばあったが、量的にそれほど大きなものではなかった。

伊谷純一郎の構想した人類学は、霊長類学と生態人類学を包含するものであったが、霊長類研究についてでは社会・文化の研究、人間に対しては生態学的研究を導入することによって両者を結節させようとしたものである。通常考えられる人間では社会・文化研究、霊長類では生態学的研究という常識をひっくり返し、交差させたところに伊谷の独創がある。ともかく、コンソの土器作りや織物の需要供給関係についてはまさに生態学的視点があてはまるものではないかと思うのである。この場合は伊谷の構想の延長線にある「余剰の物に対する畏れのある」平等社会と「余剰の物に対する畏れのない」不平等社会を結節させることができるかということが主要な問題点となる。コンソの社会は、実際のところ「余剰の物に対する畏れのない」社会であることはまちがいないことである。貨幣にしろ価値あるモノにしろこうしたものを蓄積することつまり貪欲と吝嗇な心性は関係があるとすれば、コンソはきわだって吝嗇の人びとであることは、第1章の主要なテーマであった。コンソの吝嗇は、一種の文化的な普遍性をもっていてコンソの文化的パーソナリティといってもいい。彼らの吝嗇は、シェクスピアの『ヴェニスの商人』のシャイロックのごときものであり、誰もがシャイロックになってもおかしくない商魂たくましい人びとである。

コンソでは七つのマーケットがあり、このマーケットは特定の七つの村で定期的に週のどこかを決めて開催されている。このマーケットではコンソの村で作られている作物の余剰分が売られている。そしてコブウシ、ヤギ、ヒツジの肉、コンソの織物（反物）、鍛冶製品、土器がそれぞれだいたい決まった場所で売られている。チャガ屋も出店している。外部からの衣料品や雑貨（ライターや缶詰など）も少数出店している場合もある。不思議なことだと思ったのは、自分たちが作っている作物の余剰分つまり農産物がマーケット商品の中心であることである。同じような作物を作っているのだけど、ほしい量に対して不足分があるということなのであろうか。いずれにせよ、村のなかで生業の分業化が生起することと村同志の間で分業化が生起することは同時に起こらなければならない。そうでなければ土器作りも鍛冶も一つの村の中だけでは供給過剰になってしまい、生きていけないからである。つまり土器と鍛冶の商品は市場を通じてしか交換される手段がないのである。家畜と織物については村のなかでは分業化せずに家毎の畑作に内部化しているので、自家消費を除いた僅かな織物が商品化される。そしてそれが市場で仲買人を通じて村外と貨幣を通じての交換がなされる。

土器が畑作に並立化して村の間で分業化し、やがて階層化していくプロセスと織物が畑作に内部化して村内で分業化しないプロセスをそれぞれの生産と消費の過程でみられる差異について比較してみたい。

4……土器作りの並立化

土器作りの労働過程の畑作への内部化と織物の労働過程の畑作への並立化をまとめたものが**表6-2**である。それぞれの生産過程を、生産者、生産手段、生産期間、労働力、消費（交換）のレベルでどのような作用因が内部化と並立化を進行させたり阻害したりするのかを検討してみたい。多くのレベルでそこに作用する要因が、土器作りと機織りの二つの生業を比較すると反対の作用をしていることを示してみたいのである。

土器の生産者

まず土器作りの生産者のことからみていきたい。コンソの三四の村（人口約一〇万人）のうち三つの村が土器作りの村と呼ばれている。しかし、土器作りはハウダという階層的に差別される集団に属し、サウガメ村の人口では

表6-2　土器作りと機織りの並立化と内部化

生業	並立化への傾向をもつ土器作り	内部化への傾向をもつ機織り
生産者	ハウダの専業化による家族の村内での並立化	資源（棉）の遍在による全ての村民のパートタイム・エキスパート
生産手段	粘土という資源の偏在性と母から娘への相伝技術	自給用の棉栽培と共用の機織器
生産期間	農耕スケジュールと土器スケジュールは重なる	機織は農業のあいまの副業
労働力	女性によるフルタイム・エキスパート	男性のパートタイム・エキスパート
消費（交換）	商品として市場へ	ほとんど自家消費

一〇％から二〇％の人びとが土器作りに従事し、残りはエダンダと称される優位な階層に属し農民である。コンソはエダンダ―ハウダの階層的社会を構成していて、土器作り、鍛冶屋、皮革や肉を扱う人はハウダに分類されていて、人数の多い農民エダンダからみて社会的に低い存在であるとみられている。差別の具体的な行為は、かつてはエダンダとの共食はできなかったという言説と、石塁で囲まれたエダンダの住む集落内に住居をもてなかったという言説のレベルでの二点である。いずれも現在ではこれらの事象は顕著にはみられない。ただ、ハウダは実際に農地を所有することが少なく経済的に低位にある。彼らは下層に位置づけられ集落のなかでも外縁に住むことが多い。サウガメ村の集落は三重の石塁で囲まれているが、かつて村が小さかった時には一番内部の石塁内にエダンダが住み、その外側にハウダが住んだと言われている。現在では人口が膨張し、全ての家は最外周の石塁内に取り込まれている。こうしたこと（1章**図1-1**参照）が集落と各家の配置図にもみてとれる。

土器は三つの村の土器作りのハウダで十分全コンソ内の必要な土器を供給している。しかし、自分の帰属する村内の需要をはるかに超えた土器を作っているので市場が形成されていなければハウダは存在できない。そして需要はコンソ内に限定されているので、全コンソ（三四の村）の需要以上の供給は必要ないわけで、ハウダが余剰を生みだすことはほとんどない。つまり土器の需要は村内と村外（コンソ内）の両方から挟み

サウガメ村でただ一人の鍛冶屋さん。農耕具の修理が中心である。隣村のゲラには30軒の鍛冶屋がいる。

撃ちにあう形で限定されている。つまり村内需要以上に作らなければ、食料費は稼げない。同時に全コンソの需要以上に作ったところで売れないわけである。この需要の範囲が限定されていることは、すなわち土器作り生産量はコンソというエスニック・グループの生活圏までという生態学的に決められる量によって限定されているといっていいだろう。ということはハウダの家族数も一定以上に増加することはできないことを意味している。

土器作りが並立化せざるを得ない生業故にかつて土器作りも家族内で行っていたエダンダの中からハウダが析出してきたのか、あるいは彼らが伝承するように別のエスニック・グループ起源なのかわからない。前者の場合は、並立化せざるを得ない条件とは、エダンダの人口増加により土地をもてない人びとが出現してきた可能性がもっとも高いことが挙げられる。彼らが土器作りの並立化を進め専業化を促してきたのであろう。しかし、伝承ではハウダは他民族起源伝承をもっている。伝承は差別化が生じて後にエダンダ―ハウダの階層を説明するため伝承そのものが創造されたものである可能性のほうが高いのではないかと現在では考えている。

ハウダの起源伝承のひとつである集落の外縁に住むことも別の観点からみてみると伝承が創造された可能性が高い。コンソ社会は長男優先相続の社会であるが、次男以下が分家する場合、家はやはり集落の外縁に作るのが普通であり、現実に数代前に分家した家でも外縁にある場合が結構存在する。必ずしも外縁に住むものがハウダとは限らないのである。そして土器作りや放牧の専業化（放牧はいつでも専業化可能の状態であるが、放牧地拡大は周囲の敵対的な遊牧民ボラナによって制限されているので専業化は現在では不可能である）がまず起こり、階層化はそれが固定化するときに生じるのであって、いきなり階層化は生起しないのではないか。放牧が専業化するということは、それに従事する家族が遊牧民化することを意味する。土器作りの専業化と基本的に異なるのは、こうして遊牧民化すれば、遊牧生活に入るので遊動生活というまったく居住場所が異なり階層化や差別化は起こりにくいと考えられる。ともあれ生産者という観点からは、ハウダが析出する要因が主として人口増加に伴うコンソの社会の対応と考えられる。

土器の生産手段と生産方法と内部化の阻害要因

土器作りという生業がエダンダの畑作農耕に内部化できず並立化した生業になるのは生産過程に内部化を阻害する要因があると考えられる。この土器作りの生産手段からみて内部化か並立化のどちらに向かうことが適した生業なのかをみていきたい。コンソの土器作りにおいては、コンソ内の粘土産出地から採取した粘土とハウダの土器作り技術が生産手段である。コンソ内の土器作りの三つの村はいずれも粘土産出地アレイヤで粘土を採取する。サウガメからは直線距離で二・五キロメートル、道に沿って歩くと四キロメートルのところにある。ここへサウガメ、ファーシの枝村グニャラの土器作りのハウダが粘土を採取しにくる。原料や産出する土地の所有権は存在しない。コンソ全体が所有しているともいえるし、三つの村の所有といってもいいが、新たに土器作りを始めても採取できるので所有権という言葉より利用権といったほうがいい。埋蔵量はわからないが、少なくとも当分は大丈夫であるという。この粘土採取場は地名でアレイヤといっているが、慣習では一週間に一度だけ粘土採取ができることになっている。サウガメ村の土器作りハウダは月曜日に粘土を採取し、火曜日から金曜日にかけて土器の成形、乾燥を済ませ、土曜日に焼く。そして日曜日に最も大きなウルマラ・ファーシ（ファーシで開かれる日曜の市場）に持っていって売る。

土器作りは性的な分業でもあり、粘土採取には男も参加するが、土器作りから市場での販売までは女が行う。男は土器作りの補助（粘土採取、粘土運搬、燃料収集と運搬）と僅かな土地の農耕に従う。粘土を細かくするのにモロコシやコムギの実を粉にするサドル・カーンを粗雑にした磨り石を使うが、これは決して男はしない。

生産手段は母から娘に相伝される土器作り技術とその労働である。粘土の運搬、土器作り、市場での売買までは女を中心とした家族労働でまかなわれる。労働力以外の生産手段は、土器作りのための技術と野焼きのための専用広場と簡単な道具（土器磨きの水晶石）であり、いずれも投資を必要とするようなものではない。野焼きは数家族（親戚関係にある）が共同で焼き、燃料はモロコシの乾燥した稈や枯らした野草を使う。土器作りの家も僅かながら農耕地を所有している場合もあるのでモロコシの稈はかなり自給できる場合もある。農耕地を持っていない場合は、懇意のエダンダからモロコシの稈などを貰う。野焼きの場はコンソの外周にある石塁の外側で、丸い石を円形に置いた簡単なものである。一応特定の数家族の共同所有ということになっている。農耕地の所有は少ない場合が多いし、全くもっていない場合もあるので、野焼きのための燃料確保が大きな問題である。焼く土器の量を制限しているのは意外にもこの燃料である可能性も高い。

さて以上のような生産手段と生産方法において土器作りは畑作に内部化は可能であろうか。生産過程のこの部分がもっとも内部化を阻む過程であることは明らかである。ハウダは粘土採取から粘土を細かくして叩いて材料を精錬する。そして土器作りに入るが、一端水で捏ねた粘土紐を巻き上げ成形し乾燥してから野焼きまでは連続した過程で作業を途中で止めるわけにはいかない。一回の土器焼成で一〇個ほどを焼くのが普通であるが、これも焼き上げれば次の日の市場で売らなければ現金が手に入らない。この一週間単位の土器焼成を年数十回行うわけであり、これは農耕の手の空いたとき行うことは不可能である。このことから、生産手段とそれによる生産過程こそ土器作りを専業化させずにはおかないもっとも重要な要因であることがわかる。土器作りのハウダはフルタイム・エキスパートでなければならない。土器作りの生産手段と生産方法から考えるとそれは必然的な結果であるといえる。土器作りの生産期間は一年中であり、そうでなければ一年の食料費を稼ぐことができないのは後述する。付け加えておくと、土器作りが家族内の分業化が可能であれば内部化は可能であるとも言える。それは次男が農耕の労働から解放されて土器作りのフルタイム・エキスパートとして活動することを意味する。土器作りのハウダが発生する要因は家族内の土器作りの分業化過程ではないかという推測も成り立つ。

土器の交換と土器作りの並立化

では次にハウダの作る土器がどのように交換されているのかといったことがどのように土器作りの並立化と関連するかみてみたい。コンソの七つの市場は異なった曜日で開かれるので、毎日コンソのどこかの市場が開いている。サウガメの土器作りのハウダは一週間かけて作った土器をほとんどファーシの市場で売る。土器作りが一週間単位で作られることと七つの市場のなかで市場の大きさやサウガメとの距離からみるともっとも近い市場であることがファーシの市場で土器が売られる理由である。一週間で一〇個程度作るのが観察結果であるが、土器を売った利益で農産物（食料）を購入しチャガを造るか、他の家の造ったチャガを現金で購入し生計をたてている。交換は貨幣で行われ、商品を運ぶ距離によって値段は多少異なるが、一個二ブル（小さい土器であるが、使われることは大きい方より少ない）か三ブル（大きい土器でこちらのほうが普通に使われる）である。流通しているのは三ブルの大きな土器である。
敵対する遊牧民ボラナの町場で開かれる市場にまでコンソが土器をもって売りに行く場合がある。距離にして数十キロメートルあるが、敵対していても市場での売買ではコンフリクトが起こることはない。そしてこうした場合の土器はコンソ内の市場での価格より高いのが普通である。歩く距離が価格に上乗せになるというのはきわめて興味深い現象である。

平均七人で構成される世帯が一年にチャガに使う現金は一五三三ブルと計算したが、土器作りハウダが一年を土器作りでフル回転したとして、最大三〇ブル×五二週＝一五六〇ブル稼ぐことができるが、これでもやや食料の完全な購入には不足気味である。食料以外のものや酒・肉類などはこれでは購入できない。事実、ハウダはエダンダに比して相対的に貧乏という印象は免れない。実際、土器作りのハウダ自身が自らをそのように位置づける言葉をしばしば使う。だから土器作りだけで生計維持は困難であると言わざるを得ない。しかし、コンソの宴会のような毎日の食事・チャガ飲みは、数人によるチャガの回し飲みが普通であり、恒常的な互酬を実践しているようなものであり、サウガメ村で生活する限り誰しも食べていけないことはない。これはエダンダとハウダのあいだの共食が現在ではあるけれども、以前にはなかったと言われているので、共食禁忌のあった時代はどうなのか推測できない。ハウダ同志の共食、エダンダ同志の共食だったのかわからない。ハウダ同志の共食の時代があったとしても、食料であるチャガはエダンダから購入しなければならない。そのためには交換のための市場の存在と貨幣の流通が不可欠な条件となることは明らかである。

一つの土器の値段がどのように決定されるのかはコンソの域内経済では重要な問題である。エダンダにとってのハウダの土器とハウダにとってのエダンダのチャガは両者にとって不可欠なものであるが、それだけでは土器とチャガの交換比率は決まらない。交換価値はどのように決定されるのであろうか。一方が食料で一方が食料に変える道具であるとすれば仮に等価であるとしても、実際には貨幣上での価に換算できるわけではない。おそらくハウダが生きていくための食料の購入に必要な収入は、先ほど計算したように七人家族で一五三三ブルである。ハウダの土器の値段が二ブルか三ブルであり、最大に稼いだとして一五六〇ブルである。ハウダの収入は一年のチャガの購入費とほとんどパラレルである。これから考えると土器の値段を決めているのは、食料生産をしないハウダが最低限食べていける食料費ということになる。つまり土器作りのほうこそがつまり食料を生産しないハウダが市場のモノの価格を決めているのではないだろうか。ハウダの一家族がほぼ一年間の食料を調達できるほどの土器の販売価格とチャガの購入価格とパラレルなのは、そのことを表している。市場が存在し、交換するものがあるからこそ価格が決定されるのであり、交換がないとすればチャガだけではそれが一杯幾らなのかはそれ自身では決定できない。このことから考えてみると土器の需要がコンソ内に限られれば、余剰を生みだすことはありえないことになる。というよりこのことは余剰を生みださない仕組みそのものであるといえる。

市場による交換そのものは、土器作りが畑作という生業と並立化していくのに都合の悪いことはない。しかし、分業によって階層化したエダンダ―ハウダ関係が対等で片方が片方を一段と低く見ることがないためには、市場での需要が大きく、利益が相当な余剰を生みだすという条件を満たさなければならない。もしそういうことが現実に起これば、その社会のなかで土器作りが商人となりその社会のなかで台頭してくることになる。ところが現実にはこうした条件は満たすどころか先に見たようにハウダの食料費とハウダの土器販売費はパラレルなのである。このことが階層化しても階層化が垂直的な関係にならず水平的な関係になるもっとも大きな理由であろう。土器の市場での需要が高まり、利益が余剰を生みだしたと仮に仮定してみよう。食料や農産物の需要が高まってエダンダが余剰利益を得たとしても、エダンダはマジョリティであり、余剰利益はひとつの家族にしてみればきわめて少ない。仮に土器の需要が高まったハウダが余剰利益を得たとすれば、ひとつの家族の余剰利益は大きくなる。したがって余剰が発生すればハウダのほうが有利になると思われる。余剰を投資して商人の道を歩むことになるのは、コンソの場合はエダンダではなくハウダではないかと思われる。しかし、現実には商人らしい商人は依然としてコンソでは発生していなかった。土器作りのハウダはいても土器売りという商人はコンソにはいない。

ハウダの作る土器は市場で商品として売られるが、この場合の商品は、マルクスのいう商品として売られた労働力の投下された労賃が上乗せされた商品とは異なる。土器の値段を決めているのはハウダの年間の食料費なのであり、投下される労働量とは無関係である。確かに土器を作る技術や労働は土器作りに投下されているが、誰でもできるし、誰が行っているかわからない近代社会の商品を作る労賃と異なって、土器は土器製作技術をもったハウダの技術そのものが商品として顕在化したものである。コンソにおける土器は当初から使用価値と交換価値を同時に備えた商品としてしか存在し得なかった。

コンソの土器が使用価値だけの時代があったのかと問われることは、ここで述べてきた文脈で言うと土器が生業として並立化せずに土器作りが内部化していた時代があったのかという問いになる。各家の土器の需要に従って各家の中で畑作農耕の合間に土器作りをしていた時代がなかったとはいえないが、確証はない。この問題は日本における縄文時代の土器作りと弥生時代における土器作りが、並立化した生業なのか内部化した生業なのかという問いとパラレルなのかもしれない。この場合、土器作りのための粘土という資源の遍在性と偏在性や可耕地の遍在性と偏在性などがどのように関連してくるのか考えなければならない。大胆に推測すれば、縄文時代の土器作りは生業（採集狩猟）に内部化していて専業化はまだしていない。弥生時代の土器作りは生業（稲作）には内部化できずに並立化していて専業化の道を歩み始めていたのではないかと思われる。

いずれにせよコンソの土器作りの場合は粘土の偏在性およびテリトリーの外が遊牧民に占有されているという可耕地の偏在性により土器作りは当初から並立化した生業としてしか存在し得ないのではないか。つまり土器作りは商品として出発したのであり、当初から市場の存在は不可欠であり、土器は交換価値をもっていたので貨幣によるか物々交換によるかは別として商品でなければならなかった。コンソにおける貨幣以前がどのようなものであったのかはわからない。そしてどのような契機で貨幣が流通するようになったのかは今後考察すべきことである。

市場の重要性

重要なことは畑作と並立化する土器作りなどの生業は、市場の存在が不可欠であり、市場がなければ生産者による直接販売なので買い手を探すことが困難なことになる。買い手が土器作りの家に直接注文にくる方法がありうるが、これは販売数の変動が大きくハウダへの食糧供給が安定的なものにならない。並立化する生業では土器作り以外の遊牧と舎飼い併用の家畜飼養もあるが、この場合も市場の形成は必要条件である。コンソの家畜飼養は並立化（放牧）と内部化（舎飼）のふたつの側面をもっている。放牧生活自立への道である並立化は、コンソの空間的な生活圏の外縁がすべて遊牧民ボラナなどのテリトリーになっていて、完全に並立化することは不可能である。もし生活圏テリトリーの外縁が何もなければコンソとしての遊牧民の発生も考え得る。農牧民的な定住生活から遊牧民発生の機序が想定できるきわめて興味深い問題である。

柄谷行人は最近の著作『世界史の構造』で「先史時代について考えるとき、われわれは一つの通念を疑わなければならない。それは、ゴードン・チャイルドの唱えた、農耕と牧畜に基づく、新石器革命という概念に代表されるものだ。つまり、農業・牧畜が始まり、人びとが定住し、生産力の拡大とともに、都市が発展し、階級的な分解が生じ、国家が生まれてきたという見方である」と述べ、氏族社会について次のような重要な指摘をした。

「人類学者アラン・テスタールは、遊動狩猟採集民と定住狩猟採集民を区別した。前者においては、狩猟採集物が平等に分配されるが、後者においては、不平等が始まる、と彼はいう。その原因は、定住とともに生産物の「備蓄」が可能になるからだ。ゆえに、彼はここに「人間不平等の起源」を見出した。私はこのような見方に賛成である。だが、私が注目したいのはむしろ、備蓄から生じる不平等が階級社会や国家に帰結しなかったということのほうである。それは不平等を抑制し、国家の発生を抑制するシステムがあったからだ。それが氏族社会にほかならない。

一般に、国家の出現が人類史において画期をなすものとして重視される。しかし、むしろ、定住=備蓄とともに不平等と国家が出現する可能性があったにもかかわらず、それを抑制するシステムが作られたことのほうが重要である。そして、その原理が互酬性であった。その意味で、氏族社会は「未開社会」ではなく、高度な社会システムだといわねばならない。[13]」

長い引用となったが、この柄谷の指摘はコンソの社会を人類史のなかでどのように位置づけるかを考える

COLUMN

コンソと弥生時代

土器作りと機織りの村としてコンソをみると、伊谷純一郎がもはや存在しないと嘆いたが、条件的平等の世界から社会的不平等の世界へ自然的移行を示す「きれいな社会的な場」であると思ったのは第6章で論じたような議論が可能だからである。同時にこのことは本質主義として批判を受ける可能性もあるが、これらの議論は現実にコンソの現在ある姿からの推測であり過去の想像された姿ではないことは強調しておかねばならない。現実のコンソのありようを記述すると本質主義的とみられるような記述にしかならないのであって、コンソの一九九〇年から一九九八年までの姿が本質主義的存在そのものであった。

この本質主義批判に対しては、こうした社会の生活が破壊され、巧妙化した先進国のグローバリゼーションという帝国主義や植民地主義によって、遅れたと見なされたり未開だとされた文化が国民国家のなかの枠組みのなかで貧困層に貶められていくことこそ大きな問題であろう。こうしたことに対して批判的になれない人類学の方こそ批判されなければならない。

この点でもうひとつさらに本質主義的と批判される可能性のある問題をも提起しておきたい。それは土器作りや機織りの卓越するコンソ社会をエスノ・アーキオロジーの観点からいつか考察してみたいと思ってきたが、土器と織物の畑作に特化した生業への内部化と並立化の問題は、日本における弥生時代の土器と織物の稲作農耕との関係性と相同ではないだろうかという問題である。都出比呂志は『古代国家はいつ成立したか』のなかで日本の弥生時代の中期に発達する環濠集落を「このような特徴をもつ集落を、単純な農村でもなく、都市でもない第三の類型として「城塞集落」と呼びたいと私は思います」と述べている。[1] この城塞集落と都出が述べている集落のなかの階層化や推測される交易や手工業のありようが、比較を余儀なくさせるほどコンソのありようと酷似していると思えるのである。当初、コンソ社会に遭遇して驚いたのは、この社会の衣食住があまりに近代の生活とはかけ離れたものであったことである。衣についてはコンソの畑で栽培される棉から綿を紡ぎ、自分たちで共同の機織り機で反物を作り、衣服を自家製品として織る。そしてこれは分業体制で男の仕事であり、農閑副業として行っている。食についてはチャガという醸造ビールが主食であるが、これを調理する道具、使われる食器は土器と木器でありいずれもコンソの自給品である。住についても身の回りの素材で作った木造家屋である。それで最初にここに暮らしたとき、この文化は新石器時代と同じであり、日本でいうなら弥生時代の暮らしはこのようなものではないかと思った。本質主義だといわれようが生活のレベルでみると新石器時代の生活様式が数千年続いていると考えてもいいのではないか。

注

（1）都出比呂志『古代国家はいつ成立したか』岩波書店、二〇一一年とき重要な示唆を与える。人類史と述べたが柄谷はむしろ氏族社会を人類史のなかに発展段階的な一系進化の系譜に外挿することを否定している。氏族社会とヨーロッパ的な階級社会への道筋を歩んだ社会を、等価で同時代的な社会のありようの差異として評価している。いやむしろ後者はそれこそグローバリズムへと暴走する資本主義社会を否定的に捉えている。私も柄谷が氏族社会を抑制のシステムととらえたようにコンソ社会もそのようなものとして考えてみたいのである。つまり定着的な農耕社会が成立したからといって、すぐさまその社会が不平等の源泉である階級や商業資本主義を基盤とする国家の成立には至らないのではないか。というよりそれに進んでいくのは必然ではなく、そうなることを押しとどめている社会も存在するのではないか。それこそがコンソ社会なのであろう。

高度なストーン・テラシングの畑作農耕にハウダの土器作りが並立化してそれが対等な水平的な関係にならずに差別を含む垂直的な関係のようにみえるのは、ハウダの生産する土器量はハウダの必要最小経費としての食料費によって決まるからである。交換のなかにこそ生業の分業化と階層化（差別を含む）の重要な契機が含まれていると考えなくてはならない。ただし、この垂直関係がいつも水平関係に戻ろうとする性質があるのは、コンソでも互酬性による。

土器作りの生産手段と交換のなかに分業化と階層化への契機が内在することがわかった。そして同時にハウダの土器作りは必然的に余剰を生みださない仕組みをもっていることが明らかになったが、余剰を生みださない仕組みについて再度確認しておきたい。コンソ内の農民エダンダの使う土器は大きさの異なる同一形式の壷である。大きさはほぼ六種類あり、コンソの食生活・調理に必要な壷類である。壷類の形式や量は消費者であるエダンダの要望によって大きく規制される。このことがハウダを一段低い階層とみるひとつの原因ともなっている。交換のところでみたように、コンソの土器生産量を上げるように市場原理は働いてはおらず、土器作りの供給量と需要量とは生態学的なバランスがとれている。そして貨幣が浸透していても壺の値段は固定化していて、生産者は食料購入がやっとできる経済状態である。普通分業化した生業があれば、市場拡大を目指す。しかし、土器作りの分業化がいうなれば富の蓄積を生みだす方向に作用せず、土器の需給バランスが富の蓄積を制限する方向に働くことこそコンソ社会の特徴である。人口が増大して食べられなくなった人びとを土器作りという生業に分業化させ、なおかついわゆる富の蓄積に向かわせない知恵こそがコンソ社会のありかたなのではないか。土器以外の工芸などの分業化や専業化がどんどん生じるような社会であれば、コンソの特定の人びとに富を蓄積させない（資本主義化を阻止する）というもくろみは崩壊する。土器作りだけを分業化させるためには土器を必需品とする社会にしなければならない。そのことが主食が醸造ビールという外部からは奇妙にみえる社会を自ら作り出す契機になっているはずである。余剰を生みだす市場の要請もなく、専業化した土器作りハウダは階層化して上層のエダンダに依存的あるいは寄生的な存在となっている。畑作に並立化する生業である土器作りは、需要供給の関係で需要がコンソに限定されればハウダの食料調達に必要な収入以上の土器生産による余剰を生みだすことはない。こうした状態が固定化され長期間続けば専業化がやがて階層へと構造化するであろう。

　コンソの生活体系のなかで土器は必需品であり、どんな家でも六個以上は土器を所有している。それは食事のために大量の醸造ビールを造るためである。醸造ビールが主食であり、それを造るために多数の土器が必要であることが最大の理由である。モロコシなどをサドル・カーンで挽いた大量の粉を大きなチョウナでくり抜いた木器に数日水で練って寝かす。そして練った粉を団子にして数十の壺に分けてまず蒸す。その蒸した粉を団子にして、さらに発酵させる大きな木器に入れて発酵させる。こうして醸造ビールができあがる。必要な壺が足りないことが多いので近隣から借りてきて造る。土器はサウガメの場合は村内で購入するが、他の土器作りハウダのいない村ではコンソ内で開かれる七つの市場を通じて購入される。コンソの土器は一部遊牧民ボラナや農耕民デラシャ（コンソの北部の地域に住む人びと）にも流通しているが、基本的にはコンソ内流通である。ただ、コンソの家屋には長男に限り屋根の上に土器を置く慣習がある。またクランの上位にある特定の家の屋根の上にはそのためだけに作られた特注の装飾土器を載せる慣習がある。一種の威信財としての土器であるが、これは別途費用が必要であるが、量的にはたいしたことはない。この威信財あるいは象徴財としての屋根の上の土器については第4章で詳しく論じた。コンソの社会が、九つのクランからなる氏族社会であり、かつ長男子優先相続を基盤にもつ家父長的家族から成り立っていて、その象徴が屋根の上の土器に表現されている。

土器作りはヤギ・ヒツジ・コブウシの放牧と同様に典型的な家族間で分業化して並立化する生業である。しかし、装飾土器の需要もそれほどあるわけではないので、土器作りは余剰を生みだすような消費はありえない。日常的にエダンダがハウダの上位に位置していて、コンソでは専業化が固定しているので階層化に転移し、社会構造を創り上げている。

5……機織りの内部化

さて次にコンソの機織りをみてみよう。機織りについても土器作りと同様に生産過程に関わる生産者、生産手段、生産期間、労働力、消費（交換）などについて畑作生業への内部化と並立化の視点から生業のありかたを眺めてみたい。この二つの生業をこの視点から比較することによって、分業論、階層論の発生的機序を論じることができると考えられる。

機織りの生産者

機織りも土器作りと同様にまず生産者についての特徴からみていきたい。かつて機織りは特定のハウダが専業的に作っていたという伝承がコンソにはあるが、これは伝承以外に証拠はない。ハウダの起源については分からないことが多いが、等質的な農耕社会に他民族の職能集団が移住してきて異質な階層的社会になってきたとはコンソ自身のハウダ起源の説明である。土器作りと鍛冶については、こうした起源であることをコンソのエダンダが強く主張する。織物についてもハウダが作っていたという伝承があるが、この技術はハウダからエダンダに技術が移行し、現在ではハウダ・エダンダに限らず、コンソ中の男がそれぞれ農耕や土器作りの合間に反物を織る。織物に専業集団が存在せずに伝承によれば技術がコンソ中に拡散してしまったという場合は、こうした起源伝承そのものが強化されることはなくなるのではないか。それは土器作りの場合とまるで反対のことが起きている。いずれにせよ起源伝承は差異や差別を説明する原理として故意に創り

農業の暇な時、老人たちは聖地モラなどの日だまりでお喋りしながら紡錘車で糸を紡ぐ。

だされるものではないか。したがってこの機織り起源の伝承を歴史的な事実の反映とみることについては強い疑いを私はもっている。何かの起源の説明としてコンソがしばしば使う方法の一つだと思われるのである。

男たちは織物に関しては糸取りから糸撚りそして機織りのほとんどの工程を行う。女性用の折りの入った二段のスカートと男性用の履く半ズボンはすべて男たちが縫う。機織りは土器とは対照的に男による性的分業が成立している。コンソの人びとに日本ではどうかとよく問われたが、アジアでは一般的に機織りは女性の仕事だと思われている。西アジアでは男性の仕事のようだけど、どうして反対になるのか理由はわからない。いずれにせよこの服装は外部からみたときコンソであることを表現するもっとも典型的な表象機能をもっている。周辺の遊牧民や別のエスニック・グループも市場などこの服装によって「あれはコンソだ」とすぐわかる。

棉栽培や収穫は女たちも行うが、コンソの畑作は混植であり他の作物と同じように扱われる。土器作りやチャガ造りは女性の仕事であり、これは明確な家族内の性的分業である。性的分業があるこうした仕事の場合、男がこれらの女の仕事をすることは一種の禁忌である。逆に男の仕事と見なされている仕事に女が参加したり助成を行っても禁忌になることはない。禁忌の範囲や内容に性的な差異があるのはどうしてなのかは今のところ説明はできない。コンソの農耕は混植という特異な方式であり、三〇数種類の農作物が重複して散播されていて、一本のモロコシの横には一本のトウモロコシが植わっているという状態が、三〇数種類のあいだで行われる。収穫はこの状態では一つの作物を一本ずつ収穫することになり、豆類などの収穫は落ちたものを拾うといった方式でおこなう。棉もこうした畑のなかに自給分だけ僅かに作られている。

一年の季節的な変化は大きな乾季—大きな雨季—小さな乾季—小さな雨季と循環する。この中で、それぞれの作物の播種や収穫の適期があるので、コンソの農耕は一年中何らかの仕事が畑にある。また集落のある高い場所（一八八〇メートル）から山の下に向けて地形は円錐状に広がるが、その斜面にある畑は最下部では標高は約九〇〇メートルであり、酷暑地域である。上部の畑と下部の畑では作物の種類も少し異なり品種も異なる。上部と下部では同じ種類の栽培植物でもその環境に適合する品種をコンソは作りだしていて、その意味ではきわめて高度な農耕技術をもっているといえる。したがって播種や収穫の時期も異なるので、一層コンソは畑作仕事に拘束されるので専業的に機織りに取りかかる暇は少ない。

機織りはコンソ中の男がそれぞれ農耕の合間に行う。どの家の子どもも含めて男は熱心に反物を織る。縦

コンソは何もかも日本と反対の世界のようだったけど、すべての男たちが機織りをすることもそのひとつである。

サウガメ村の男たちは誰しも紡錘車で器用に糸を撚る。私も試してみたがまったくできなかった。

糸は成人男子が細く均一な糸を撚る。横糸は子どもが撚る不均一な糸も使う。撚りあげた糸を使って農耕の合間の仕事で三ヶ月にハルバひとつを機織り機で織り上げる。このハルバ（巾七〇センチメートル×長さ二メートル）はコンソ内外の仲買人がマーケットで購入するので織れば織っただけ売れる。ハルバは二枚一組で売られ、一組四〇ブル程度である。土器に比べ生産にかかる時間は長い。エダンダの現金収入源としては大きな意味をもっている。

さて、以上述べてきた機織りであるが、コンソの特異な農耕であるストーン・テラシングによる有畜畑作農耕に機織りは完全に内部化した生業といえる。コンソでは機織りはすべてパートタイム・エキスパートであり、フルタイム・エキスパートは皆無である。コンソの女性用のスカートとコンソの男性用の半ズボン

ウルマラ・ファーシで自分で織った反物を売る男。いい小遣い稼ぎになる。

はすべて男が作る。コンソの畑作は三〇種類ほどの作物をヘランダと呼ばれる一筆に植える。その中に棉も植えられているが、一家族の生産量は僅かである。安室の提唱する複合生業論では、内部化する生業と並立化する生業は家族を単位としてみている。どちらの場合も家族内の労働の内部化か並立化なのであるが、コンソの畑作への内部化と並立化は家族を単位とした場合と村を単位とした場合の双方を含んでいることは注意しておかねばならない。織物は家族内の一個人を単位として労働が男に分業化しつつ内部化している。若い夫婦の場合、夫は機織りをしない場合もある。一家族に二人以上の成人男子がいても二人とも機織りをするとは限らない。それに対して土器作りは村の家族を単位として労働が女に分業化しつつ並立化しているのである。

機織りの生産手段

土器作りと同様に次は生産手段の側面から、機織りが畑作農耕へ内部化しやすいのか並立化しやすいのか具体的にみていきたい。機織りの原料の綿は自分の畑で自給できる程度に多数の他の作物と一緒に混植して栽培する。他から購入したり、畑に棉を単作したりすることはない。機織り機は村の広場モラに数台あり、それは共同所有であり村人なら誰でも使える。自分で紡いだ糸と自分の杼をもっていけば誰でも生産可能である。個人所有の機をもっている人も数人いるが少ない。

生産手段の点からは、機織りは内部化せざるをえない必然的な理由はない。コンソの衣服に必要な織物が並立化するほど需要がないことが内部化する主たる要因である。したがって機織りが内部化していることは、それほど生産性を上げる必要がないことを意味している。したがって機織り機は共同所有で十分皆が使用できるし、棉作は単作の必要がないといえる。機織りが畑作に内部化した生業ということは、農耕の合間に機織りをおこなえば十分需要に応えることができることである。したがって大量の反物を作ることはなく、衣服の自給のために作る。自給を超えて若干余分ができればそれをマーケットで売る。この点は土器作りと対照的である。つまり土器作りは村内で相当の需要があることが、同じ村内では内部化できず、家族を単位として村内で並立化（専業化）することになり、これが階層化の成立を促すことになるわけである。

織物の消費／交換

では織物の消費（交換）の側面は畑作への内部化と並立化とどう関連するであろうか。最近は（調査していた一九九〇年から一九九八年までのこと）ケニア北部のモヤーレなどからくる工業製品のＴシャツやズボンがあり、マーケットを通じて衣料は外部から相当入る。しかし、コンソであることを表象するコンソ自製の女性用の二段のスカート、男性用の半ズボンは各家族で作られて着用されている。余分の反物は僅かであるが、外部から来る商人に市場で売られる。これが土器と異なるところで、土器はコンソ内交換、織物はコンソ外交換である。したがって現在のところコンソ外交換つまりコンソ社会の外部社会からの需要が高まれば機織りが並立化して専業化する可能性があるといえる。

機織りは内部化した生業であり、自給的生業であるにもかかわらず、交換のレベルがコンソ外にまで拡大していることが土器とは大いに異なる。もしこれがもっと高く売れ大きな収入をもたらすようになるとどうなるであろうか。交換のレベルがコンソ外にまで拡大すれば仲買商人がマーケットを通じて創出されるし、彼らが個人や村に大きく働きかければ、製品の質は高くなり、生産量は増えていくはずである。予想としてマーケットが階層化を促すのではないか。しかし、これは工業製品の衣服が入ってくるようになる前までの話であり、現実には工業製品としての衣服がどんどん入るようになり、この可能性はほとんどなくなったといえる。

最後に余剰と消費者の観点からも機織りの畑作への内部化・並立化の傾向をみておきたい。家族内で使用される自給用の衣服以外に売られる反物は僅かである。しかし現金収入として大切な仕事である。村の中では街道筋のバカウレなどではチャガ屋とでもいうような飯屋というか飲み屋ができている。これは一種の商人の発生であるが、機織りではまだこうしたものはない。チャガはもともと造る時は大量でなければならないので、人が集まる街道筋（ここでは一週間に一度ウルマラという市場が開かれるし、ヨルダン人やアムハラ人による恒常的な雑貨屋がすでに存在しているのでいつも人出は一定程度ある）にチャガ屋ができるのは自然な感じである。

コンソの固有の畑作に内部化した機織りは、多くの余剰を生みだすような気配はまだない。したがって内部化した生業の専業化は、並立化した生業の土器作りの専業化よりむつかしい。内部化した生業が専業化を起こすのは市場の側が多くの生産を要請しなければ起こらないであろう。もし機織りが専業化することになれば、機織りに特化したエダンダは所有している農地での畑作は放棄せざるを得ない。つまり土器作りと同じで専業化によって少なくともチャガ購入費（土器作りの場合は一五三三ブル以上）以上の儲けを機織りで生産しなければならない。棉の生産（これを購入で賄えばさらに必要経費は嵩む）を増やし、機織りの労働時間を大幅に増やすことは現在の状態ではむつかしい。一部ケニアなどの工業製品の衣服が流通し始めているることは、コンソの機織りの更なる多量の生産の要請を阻害するので当分機織りが専業化することはありえない。

コンソの衣料は必需品であるが、依然として自給的である。棉から衣服まで家族で生産され、家族で消費される。けれども僅かではあるが余剰の生産物はコンソ外にでていく。運搬しやすさもあるのか土器に比べはるかに流通する範囲は広く、コンソの織物として近隣に聞こえている。結婚式や葬式には赤や青の刺繍の入った特別のハルバが織られる。しかし、こうした表象の費用とでもいうべきものは分業化や専業化を生みだすほどではない。

コンソは土器・織物・鍛冶・石工（ストーン・テラシング作り）などの工芸の民族として近隣に聞こえた存在であり、その名声はエチオピア南部やケニア北部にさえ轟いている。コンソの人びとの一部が、道路作りや開墾事業などの公共事業にエチオピアやケニアで雇われることがあるが、働き者であることと技術者であることで高い評価を受けている。この工芸の民族としてすぐれた技術をもつコンソゆえに土器や織物のどちらも専業化、分業化してもおかしくないのではないかと思われる。土器だけが分業化し、織物は分業化せずに畑作に内部化するのは、今までみてきたようにコンソの畑作農耕文化の固有な生業の傾向性が存在するからである。以上が畑作に並立化する土器作りと内部化する機織りという生業の労働過程からみた比較である。これによって土器作りこそが分業・階層の発生と市場の発生と強い相関をもつ生業であることがわかる。

6……不平等社会は余剰を蓄積するか

工芸の人びとで構成されるコンソの社会を、伊谷純一郎のいう「余剰の物に対する畏れ」のない社会として、「社会的不平等への敷居を跨いでしまったようにみえる人びと」と考える理由を縷々述べてきた。確かにコンソはエダンダ－ハウダの階層をもつ社会であるし、エダンダによるハウダの差別も存在する。しかし、この階層や差別を我々が考えるようなものと同じものであるかどうかは検討しなくてはならない。同時に、伊谷がいうようにもはやアフリカではルソーのいう一般意志の理論が働きうるような、きれいな社会的場は望めない場ではなく、コンソはそれに十分応える社会であることも述べてきた。コンソ社会は条件的平等社会から不平等社会へ橋渡しする社会として措定できる。そうだとすれば、伊谷が構想した人類社会進化論の延長としてコンソ社会のありようを無理なく外挿できることを検討しておかねばならない。この無理なく外挿できると指摘できることは重要であるが、それはヨーロッパ近代の暴力的な介入がない場合のある意味で自然的な過程としてコンソ社会が現在に至ったということを意味している。

コンソ社会の周りに遊牧民という敵対する人びとも存在することなく、山の上に住み自給的な有畜畑作農耕を営んでいた時代があると仮定して考えてみよう。各山の上には時に敵対し、時には連合するコンソの村がいくつもあった。各村のなかには九つのクランがあり、村を横断して各クランに帰属する人びとがいる。特定のクランが優越する村はあるにはあるが全体を支配するほど有力ではない。また山は玄武岩でできていて農耕にとっては不毛の地である。ここでコンソは有畜でストーン・テラシングによる混植の特異な畑作農耕を発達させてきた。山は上から下へと開発が進み、山上に三四の村ができ、各村は畑を円錐状に展開し、山塊には、畑と村が隙間なく稠密に分布している。

人びとは苦労して玄武岩の山から石を取り除き、それをストーン・テラシングの畑に変えてきた。人びとがこの山にやってくる前の潜在自然植生はアカシア・ウッドランドであった。いつか山の植生はほとんど開発され、至るところストーン・テラシングの畑作地に変わった。このあたりまではコンソの前史のなかで実際に起こった蓋然性の高い話であると思われる。私が訪れたのはある意味で外部からの影響がなく自生的に有畜畑作農耕文化がクライマックスに到達していた時であるといっていい。

彼らがどのようにして何十種類の作物の種子と栽培法を手に入れ、ヤギ・ヒツジ・コブウシという家畜の飼育法を知ったのか。この物語をコンソ前史のなかに組み込むことは諦めざるをえない。コンソがこの山の上に定住した時、すでに何十の栽培植物と家畜を手に入れていたとして話を出発せざるをえない。これより前の出来事は人類史の薄明の時代のことである。

コンソ自身の伝承ではコンソの出発は次のように伝承されている。サウガメ村の故老の伝承によればサウガメはかつて獣をとって暮らしていた時代があったという。織物だってまだ発明されていなく、獣の皮を着ていた時代であった。その証拠に獣の皮の着物は今でも持っている人がいる。そしてそのころにはエダンダとハウダの区別もなかった。そうした生活が長く続いていたが、農耕をいつからか学ぶようになって今の生活の基本ができあがったというのである。

当初、サウガメ村はもっと小さく城塞のような村のもっとも内部の石塁に囲まれた二二軒の家からサウガメは出発したと伝承では言い伝えられている。三重の石塁に囲まれた城塞村落・サウガメは人口増大を重ね、二回石塁を外側に付け足してきたことがわかる。もっとも古い二二軒のいくつかの家は他村に移住したりしていて、私の調査時点では一三軒になっていた。移住した中には、調査中の一〇年間に二つの枝村ができたが、ここに移住した家もあった。この一三軒は始祖の名前を家の名前として使っていて、クランの有力者の称号であるポゴラを名乗ることが多い。ポゴラだけが屋根の上に装飾土器を載せることができる。この一三軒の家は、コンソ内の他村からの移住と近隣のブルジからやってきたという伝承をもつ家もある。ブルジはコンソの東側に住む有畜農耕民であり、コンソの人間によって低くみられているエスニック・グループである。差別するときはなにかにつけて「あいつはブルジだ」と陰口を叩くことが多い。

コンソ前史で叙述できるのはこの程度であるが、どうやらコンソ前史から分業や階層の発生機序を探るのは困難であることがわかる。コンソはある意味では非常に完成された有畜集約的農耕をおこない、アフリカ的な農耕文化のクライマックスにまで発達した農耕社会だといってもいい。私たちはこの完成された文化から演繹的に蓋然性の高い歴史を再現しなければならない。コンソの有畜畑作農耕と土器作りおよび機織りの関係性から分業・専業の発生論を組み立ててみたい。

不毛な山上の土地に高度に発達した自給的な有畜畑作農耕文化が展開していた。土器作りも機織りも放牧技術も舎飼い技術も備えていた。ただ、塩と鉄は外部からもたらされていた。この農民に階層はなくエダンダばかりで構成されていた。それまでは生業が並立化しやすい土器作りや放牧も内部化しやすい機織りもそれぞれの家単位で行われていた。いろいろな生業は分業化せずフラットな等質的な社会である。

この等質的社会に大きな変化が起きたのは、人口問題である。ひとつの村のブランチがどんどん増えて、最終的には三四の村になったがもうそれ以上は山塊そのものが限定されているので、これ以上の広がりはもてない。繰り返すことになるが、人口増加と耕地の制限によって次三男で食べていけない人が多くなってきた。彼らがもともと全ての家でもっていた土器作りの技術を専業的に担い、自給自足的なコンソの社会に萌芽的な分業が発生した。

等質的な社会とは伊谷純一郎がいう「余剰の物に対する畏れ」のある社会のことであるが、それは平等から不平等への規矩を跨ごうとしない社会である。伊谷が挙げた規矩を跨ごうとしない社会は、狩猟採集社会、遊牧民社会そして狩猟採集を伴う焼畑農耕社会であり、畑作であれ稲作であれ農耕に完全に依存した社会ではない。つまりコンソの社会は伊谷の射程に入っていない完全の畑作農耕社会なのである。論じているのは、こうしたコンソのような畑作農耕社会が規矩を跨いでいるのか、あるいは跨いでいないのかといった問題である。階層の発生や分業の発生からみると跨いでいるようにみえるが、実は生活のレベルでみると跨いでいないようにもみえる。既に農耕社会になっているので経済学の常識なら余剰とか利潤とか富への志向が起こり規矩を跨ぐと考えられる。そうであるにもかかわらず実際には跨がない社会なのである[14]。本章でとりあげた掛谷の初期の論文でのエピソードをひとつ紹介しておきたい。この掛谷の論文がでた時、私の友人たちのなかに経済学を専攻している人が何人もいたので、彼らにこの論文を読んでもらった。彼らの読後の感想は一様に「人間社会にはありえない」とこの論文に否定的な答えを寄せた。余剰の蓄積や富への欲望を前提としない社会の存在は、近代経済学であろうがマルクス主義経済学であろうが、原理的に存在を否定される社会であった。

こうした等質的な社会に大きな揺らぎを与え、食物の平準化を許さない事態が到来するのは人口問題だと言ったが、もうひとつの可能性として飢餓と戦争が考えられる。おそらく人類史のなかで何回も人類はこうした事態に直面したに違いないが、これが階層の発生や分業の発生にどのように関連するか憶測の域をでない。しかし、関連する可能性は高いのではないかとだけ言っておきたい。

塩と鉄は遠い外部からもたらされ、それを携えた商人がときどきコンソを訪れるだけである。それは以前ではコンソの人びとが領域内で拾い集めた水晶や砂金などの財宝と塩と鉄を交換する方式であった。水晶や砂金は現在でも僅かに産出する。自給自足的なコンソの生活のなかで、食料を生産する特異なストーン・テラシングと混植栽培以外に、土器と織物と家畜の三つの生業があったがいずれもコンソ自身の自給的生業である。土器作りという生業はコンソの畑作に並立化しやすいものであることの理由はすでに述べてきた。コンソの土器作りが分業化する以前の世界は、土器作りは世帯内で並立した生業であったと思われる。土器作りが並立していた時代でも、これが女の仕事であった可能性は高いが、その場合は世帯内の男女の分業であったのではないか。従って、人口増加に伴って起こった変化は、世帯内並立化していた土器作りという生業が徐々に村落内並立化すなわち分業化していくということがもっとも蓋然性の高いシナリオではないだろうか。

土器作りの畑作への並立化を要約すると、粘土という資源の偏在性と土器作りの生産過程の時間・空間・労働と畑作の生産過程の時間・空間・労働の非適合性によって生じる過程だといえる。反対に織物は資源の遍在性と織物生産過程の時間・空間・労働と畑作の生産過程の時間・空間・労働の適合性によって内部化が可能な過程である。土器作りの分業化への道を以上のように考えてみたいのであるがいかがであろうか。

家畜に関しては、数頭の舎飼いなら内部化可能であるが、数十頭の放牧は並立化するしかない。コンソは領域の外縁で家族によってはかなりの頭数の放牧をおこなっている。この放牧はそれこそ安室のいう家族内の生業の並立化つまりかなり大きくなった次三男によって行われている。しかし、この放牧の家族内の生業の並立化は生じているが、彼らのテリトリーの外は遊牧民ボラナの領域であり、放牧の範囲は限定されている。したがって、土器作りのように放牧の家族内並立化以上に家族間分業化に進むことはない。放牧は分業化し専業化する一歩手前の状態だといってもいい。

7……商品としての土器と市場の機能

さて、土器作りが分業化しフルタイム・エキスパートが出現してきたとして彼らの商品はどのように食料と交換されるのか。土器作りに限らず生業が分業化したとき、分業化した生業の人びとの生活が成り立つためには食料との交換がなくてはならない。彼らは食料を得るために農耕をおこなっているわけではないので、食料との交換そしてそれを可能にする市場の成立が分業の前提条件になるはずである。ここで商品交換の原理的なありかたについてすぐれた考察をしている岩井克人の『ヴェニスの商人の資本論』の議論を土台にして商品としての土器について考えてみたい。

「ここでは、商品交換が、マルクスのいうように、孤立した共同体と共同体とのあいだの接触から実際に発生したかどうかという問題は問うまい。歴史的「起源」の問題は常に両義的であり、共同体と共同体とのあいだの関係から商品交換が始まったのではなく、逆に商品交換という関係がその両極に共同体的な社会を作りだしたのだという見方も当然できるからである。ただ、ここでは有名な沈黙交易の例をもちだしたのは、それが商品交換とはその本質において共同体と共同体とのあいだの関係であり、一方の共同体にとっては「兄弟」ではないもの、すなわち「外部者」あるいは「異邦人」との関係の仕方にほかならないことを示しているからである。多くの場合貨幣という抽象的な価値物を媒介にしておこなわれる商品交換は、モノとモノあるいはモノと貨幣とのあいだの等価関係のみによって支配されており、おたがいに新たな「兄弟になる」ことを必要としないまったく非人格的な人間同士の関係の仕方、いや非関係の仕方なのである。すなわち、商品交換とは共同体とその外部との関係にほかならず、それゆえ、共同体の構成員も、相手が共同体の外部の異邦人であるかぎり、この反共同体的な商品交換を行うことが可能なのである」

岩井のこの透徹した共同体と商品交換の関係性の発生論的な議論は、恐ろしいほどコンソの共同体と商品交換の発生論を先取りした議論である。コンソにおけるハウダの土器という商品とエダンダの食料・食品との貨幣を媒介にした交換は、差別の構造的発生まで予感させるが、事実岩井はこの引用の直後で「実は、海の彼方に共同体の外部を探し求めていたアントーニオは、まさに自分の足下において共同体のもうひとつの外部に行き当たる。ヴェニスの町に住むユダヤ人シャイロックである」と述べている。[15]

コンソの言葉でウルマラという市場は一週間の各曜日決まった村で定期的に開かれている。つまり毎日どこかの市場が開かれていて、商品である土器や家畜は売買できるのである。ではコンソは共同体と共同体のあいだにどのようにして市場を作ったのだろうか。コンソはエスニック・グループとして同じであるというアイデンティティをもつ等質的な社会の内部に土器作りのハウダという外部を作り出すことによって、土器という商品を作り出し、市場による商品交換を可能にしたのであろう。岩井の言い方を借りれば、兄弟であったかつてのハウダを兄弟ではない異邦人とみなすことによって貨幣に依拠する市場が可能になったのである。

内部に外部を作り出すことによって境界を作り出すことが可能になることとは、歴史的な証拠はともかくとしてエダンダがハウダを異邦人起源とみなすことにも表現されている。おそらくハウダを岩井の言う「兄弟であったもの」を「非兄弟とみなす」ことによって、モノと貨幣の等価関係のみが支配する社会に転換させたのであろう。つまり等質的社会から異質的社会に転換したといえる。それも内部に外部を作り、商品交換の可能な市場を創出して、エダンダ―ハウダという差別観を含む階層的社会になったのではないか。

このコンソのように内部に外部を作り出す機序によって、社会が等質的なものから異質的社会に転換する例は、コンソの近隣集団にも見られる。コンソの西側数百キロメートル西に豊かな植生のなかで特徴的なエンセーテ栽培を行うエスニック・グループのアリがいる。重田眞義は筆者より早くからそして長期間このアリの農耕文化について人類学的な調査をしてきた[16]。

このアリの居住する地域は高度差に準じた二つの生態域があり、この高地と低地の産物交換の場として定期市が存在する。しかも高地と低地の境界域に一七もの市があり、そこでは高地と低地の農産物が取引される品目の三分の二を占めるという。興味深いのは、この市における三つの形態の取引である。三つの取引とは物々交換、物々交換と現金の併用、現金取引の三つであるが、低地のアリがもっとも欲しがる高地のエンセーテの発酵でんぷんと低地の良質な嗜好品であるコーヒーの葉が物々交換で行われることである。円形に束ねられたコーヒーの葉には大きさに単位があって、これは一種の貨幣のような役割をもっている。エンセーテの発酵でんぷんとコーヒーの葉の交換は、コーヒーの葉の持ち主によって求められる。

「そして、M村の市では、エンセーテの発酵でんぷんとコーヒーの青葉が現金を介さずに物々交換される。

実際には、この二品以外にも物々交換はおこなわれる。しかし、いずれの場合も、高地の産物と低地の産物が交換されるという基本的なパターンは変わらない。コーヒーの葉の売り手は、何をおいてもエンセーテの発酵でんぷんをまず第一に求めようとする。低地にもエンセーテは生育するにもかかわらず、低地の住民にとって高地のエンセーテ発酵でんぷんは争って求めるほど美味なものとされている。また高地の住民にとってコーヒーの葉は、日常の食生活に不可欠な飲み物として常備しておくことが望まれている[17]」

重田はアリの定期市で行われるエンセーテとコーヒーの青葉の交換は、それ自身のもつ消費的な価値の不足した分の充足という経済的機能を認めつつも、高地と低地の半族をめぐる対立や親族の情報交換の場としての市の機能の存在も重要であると言っている。

ではエンセーテの発酵でんぷんとコーヒーの青葉の交換とはいったい何であろうか。重田が「交換の市では売り手は同時に買い手でもあり、売りに来た品物をたとえ現金で販売したとしても、売り上げのほとんど全部がその日のうちに市の中で使われてしまう。女性がおこなう農産物の取引に限っていえば、誰かが貨幣の形で蓄積することはなく、結局は市はモノとモノとが交換される場所を用意しているだけである」と述べていることは、市場の原初性をいかんなく表現しているのではないか。つまりアリにあっても市場は必要不可欠なモノの交換を媒介にして、アリの内部のなかに高地の社会と低地の社会というお互いに外部を作り出してきたのではないか。その外部とは半族や地域性であり、それが等質社会から異質社会へ転換させ、そのことによって必要不可欠なモノの交換の場として市場を創出してきたのではないか。アリは古くからコーヒー豆やカルダモンの販売を通じて、現金経済とは古くからなじみがあった。しかし、土器や木器しかなかったのはつい最近までであり、その意味ではコンソと同じようにかなり自給自足的な畑作農耕社会であった。

コンソの土器とアリのコーヒー青葉の食料との交換をみてきたが、土器売りもコーヒーの青葉売りも彼らが生きていく上で必要な食料（コンソの場合は貨幣に換算して）との交換しかおこなわれない。これは貨幣による蓄積があり得ないことを意味していて、市場が貨幣交換や物々交換を通じて食料の再分配や調整の機能を果たしていることを示している。コンソの土器の交換対象が、チャガという醸造ビールであることが、交換の方法が貨幣でなければならないことを暗示している。醸造ビールは購入して保存がきくものではないし、土器作りも毎日作って売りに行くこともできないとなれば貨幣による交換こそが毎日の食料を保証してくれることになるからである。貨幣はいつでも使用できるし、交換量も決定できるからである。アリの場合のコーヒーの青葉とエンセーテの発酵でんぷんの物々交換はもっと端的に食料の再分配とその調整であることが明白である。発酵でんぷんとコーヒーの青葉の交換物そのものが蓄積の効かないものであり、交換が財の蓄積を前提にしていることから演繹される議論は明らかに間違いである。コンソやアリの場合のように同一のエスニック・グループ内に外部を作ることによって成り立つ市場による交換は財の蓄積を前提にする必要がない。

コンソの土器作りの人びとがエダンダから析出してきた時、この生業が並立化しかできないゆえに、これを担う人びとを外部化して市場を作りだしてきた。このことによってコンソの社会は階層化の傾向と同時に差別化の傾向を社会のなかに内包することになった。コンソ社会が人口増大に伴って必然的に階層や差別が内包されることになったが、この差別化や階層化はまだ富や資本の蓄積を促す方向には働かなかった。コンソ社会は伊谷のいう「余剰に対する畏れのある社会」から「余剰に対する畏れのない社会」に転換した社会であるが、その余剰を消尽する方向に向かわせたとみるべきであろう。余剰が発生すると同時に余剰を消費させる仕組みを備えている社会なのである。土器作りに限らずさまざまな生業の階層化と分業のもとに富と資本の蓄積が偏り、国家の発生することをコンソの社会システムは一歩手前で阻止していると考えられる。

したがって市場は食料との交換を基本としていて、資本を蓄積する機能はほとんど働かない。むしろ市場は階層化したコンソの社会のなかにおける不平等を抑制する装置として機能している。コンソの毎日繰り広げられる醸造ビールの酒宴のような食事は、貨幣による商品交換と互酬的交換の混交した象徴的な姿であろう。あの食事の喧噪は、不平等の抑制装置である可能性が高い。掛谷が「「妬み」の生態人類学」で論じたことも、基本的には同じものではないか[18]。つまり妬みが不断に生じる不平等を抑制するように、醸造ビールがやはり不断に生じる富の蓄積を阻止しているのではないか。

8……おわりに――美しい村と吝嗇

私はコンソ社会を始めて知った時、醸造ビールが主食であったことに驚愕した。それだけではなく、山麓ではなく山の上に住むことやこの世界にはほとんどプライバシーが存在しない喧噪とした社会であることなど、まるで私たちの世界と反転したアリスの鏡の中の世界のなかに迷い込んだように思った。だから、この社会を伊谷純一郎が論じた「人間平等起源論」の延長に措定できるかもしれない社会であることなど気が付かなかった。

今から二四年前になるが、コンソ社会の二度目の調査を終えて私は「山の上に住む、ほろ酔いの人びと」というエッセーを書いたが、これが本書の第1章にあたる文章である。[19] このエッセーの冒頭の部分はコンソに対する初期の調査の印象であるが、この最終章の議論を進めてみてコンソのイメージを相当変える必要があると感じている。

この初めてコンソの文化について書いた文章で「ぼくがいた村は吝嗇、猜疑心、嫉妬、告げ口、利己的、執着という負のイメージの強い言葉で形容するとピッタリだった」とコンソ文化を結論づけた。これを第6章の論述の中で解釈しなおすと次のようになる。つまり、村人全員がシャイロックならば個々人が吝嗇の心性をもっていても突出できないわけである。これらの心性が富の蓄積や財への欲望あるいは余剰の創出などを抑制する社会の規矩として作用していると考えれば、これは負のイメージではない。不平等な社会に移行して階層化や分業が社会のなかに定着してもなお伊谷純一郎がいうところの個々人の「余剰の物に対する畏れ」はなくなっても、社会としての「富の蓄積を抑制する規矩」が厳然と存在する社会なのではないか。それが土器作りが分業化しても富の蓄積には向かわない生態学的仕組みであるし、その土器作りを支える醸造ビールを主食とする社会なのであろう。さらに付け加えておきたいことは醸造ビールがコンソの社会の主食であることが、単に我々の社会と異なっているというだけではなく、階層化や分業化に伴って富の蓄積に向かう、という私たちの「常識」とは逆に作用する、ということである。醸造ビールを、自家消費用にだけ造るわけにはいかず大量に造らなければならないということに要因がある。大量に造られた醸造ビールを貨幣によって売買するという方法によってコンソの食事が成り立っているという特異性は重要である。コンソの女たち各村の各家は必ず女たちが主役となって造った醸造ビールを売買する経験をすることになる。コンソの女たちの金銭感覚は男たちに負けず劣らず鋭いものがある。つまり我々の感覚からすればコンソの男たちも女たちもすべて商人としての感覚を小さいときから身につけている。比喩的に言うならば、村人全員がシャイロックなら富の蓄積で個人が突出することはありえない。一見富の突出を許容する社会にみえながら食事風景に代表されるように「富の蓄積を抑制する規矩」が働いているのは、この社会は欧米が辿った資本主義の世界への移行を畏れているとしか思えないのである。

この文章から二四年経って、コンソの社会を再考している。この社会が不平等な社会へと踏みだし、それに基づく階層性や差別あるいは分業が原理的に現出しつつあることを述べてきた。しかし、そうした階層、差別、分業などによってもたらされる不平等を、醸造ビールで毎日おこなわれる共同飲食や毎日どこかで開かれる市場で差異を増大させない生態学的な交換つまり余剰の蓄積できない交換によって抑制している社会でもあることも述べてきた。私が、当初の印象でコンソの社会にみられる吝嗇、猜疑心、嫉妬、告げ口、利己的、執着をみたのは、これらの社会的心性は社会のなかで資本を蓄積したり富を蓄積したりする野心家の突出を抑える社会的知性なのではないかとさえ思えてくる。掛谷誠も平等と不平等のはざまでは「妬み」が平等の側に引きとどめる重要な役割を果たしていることをトングウェの社会で指摘している。[20] 平等という規矩を裏打ちしているのが妬みであるとすれば、コンソの平等という規矩を裏打ちしているのは吝嗇なのであろう。社会の規矩と言うことであれば、その社会を構成するすべての人びとが吝嗇でなければならない。確かにコンソの人びとはすべての人びとが吝嗇なのではないかと思える。社会の構成員がすべて吝嗇であれば、特定の人が吝嗇によって富の蓄積をすることはありえない。そうであれば、やはりこの社会は階層化し分業化した農耕社会になっても現代の資本主義社会とは逆に所得の格差や富の蓄積を畏れ、なんとか平等を維持しようとする社会なのではないか。その意味ではやはり「美しい村」なのではないだろうか。

注

(1) 掛谷誠「序――アフリカ農耕民研究と生態人類学」掛谷誠編著『アフリカ農耕民の世界』京都大学学術出版会、二〇〇二年

(2) 掛谷誠「焼畑農耕民の生き方」高村泰雄・重田眞義編著『アフリカ農業の諸問題』京都大学学術出版会、一九九八年

(3) 掛谷誠「トングウェ族の生活維持機構――生活環境・生業・食生活」『季刊人類学』5(3)、一九七四年
掛谷誠の論文のなかで上記のものは傑出した生態人類学の金字塔ともいえるものである。掛谷誠の著作集が上記の論文も含めて逝去五年後に出版されたことを記しておきたい。掛谷誠著作集第一巻『人と自然の生態学』、第二巻『呪医と精霊の世界』、第三巻『探求と実践の往還』(京都大学学術出版会、二〇一七年)

(4) 伊谷純一郎「赤道アフリカの自然主義者たち」『季刊民族学』13号、六―一九頁

(5) 寺嶋秀明『平等論――霊長類と人における社会と平等性の進化』ナカニシヤ出版、二〇一一年、一〇四頁

(6) 伊谷純一郎「人間平等起源論」伊谷純一郎・田中二郎共編『自然社会の人類学――アフリカに生きる』アカデミア出版、一九八六年(後に著作集に収められる。伊谷純一郎著作集・第3巻『霊長類の社会構造と進化』平凡社、二〇〇八年)

(7) 寺嶋秀明、注5同掲書

(8) 安室知『日本民俗生業論』慶友社、二〇一二年

(9) 安室知、注8同掲書、二五頁

(10) 安室知、注8同掲書、二六頁

(11) このコンフリクトはコンソがボラナのテリトリー内に農耕地を作ることと、それに対してボラナが低地のコンソの農耕地を焼き払うという仕返しの連鎖であった。また家畜のコブウシ、ヤギ、ヒツジが強奪されることもしばしばあった。調査当初の一九九一年や一九九二年では、コンソはボラナとの境界にトーチカを作って見張りを常におきボラナの畑の焼き

討ちの来襲を監視していた。このトーチカでの見張りに一日付き合ったことがあるが、来襲があれば巻き込まれることを覚悟したがそれはなかなか恐いものであった。もしボラナの来襲があれば、見張りは声を伝達手段にして山上の男たちに連絡する。中継には出作り小屋や畑で仕事する人がいて、アッという間に山上に情報が伝達される。これ聞くと山上の男たちは銃をもって山麓に駆けつけるという仕組みである。この声による伝達は、山麓で仕事をする人が怪我したり急病になったりしたときにも連絡方法として使われる。病人や怪我の伝達は何回か経験したが、それは見事なものであった。

(12) 掛谷誠は二〇一三年一二月に六七歳で逝去する。生前掛谷誠からアフリカの農耕民についてさまざまな教唆を得ていた。いくつかの印象的な示唆を受けたが、「アフリカの農耕民には消費の共同性はあっても生産の共同性は少ない」というのもそのひとつである。

(13) 柄谷行人『世界史の構造』岩波書店、二〇一五年、五三―五四頁

(14) 掛谷誠、注3同掲論文

(15) 岩井克人『ヴェニスの商人の資本論』筑摩書房、一九九二年

(16) 重田眞義「ヒト―植物関係の実相――エチオピア西南部オモ系農耕民アリのエンセーテ栽培と利用」『季刊人類学』19巻1号、一九八八年

(17) 重田眞義「エチオピア高地の定期市――コーヒーの葉とエンセーテを交換する」梅棹忠夫・山本紀夫編『山の世界』岩波書店、二〇〇四年

(18) 掛谷誠「「妬み」の生態人類学――アフリカの事例を中心に」大塚柳太郎編『現代の人類学（1）生態人類学』至文堂、一九八三年

(19) 篠原徹「山の上に住む、ほろ酔いの人びと」『季刊民族学』68号、国立民族学博物館、一九九四年

(20) 掛谷誠、注18同掲論文

おわりに

フィールドワークを主たる方法として調査対象地域の民族誌を編むことは私自身の秘かな野望であった。最初から最後まで書き下ろすことによって民族誌を叙述するのが真正面から対象と向き合うことになることはわかっていた。しかし、そのためには調査してきた地域については読みづらいフィールドノートを丹念に読み直しその場にいた時の感覚を思い起こすしかない。こうした時間を逆戻りさせることはかなりの忍耐が必要である。それで調査中に書いたものはその時の臨場感を伴ったものなので、全体で民族誌になるようなものを集めることにした。最初にコンソに出会ったときの鮮烈な印象を描いたものを第1章に置いた。調査中に出くわした葬式を第2章とし、コンソ社会が工芸の村であることをもっともよく表す土器作りと土器の流通の話を第4章、第5章に据えた。有畜畑作農耕民であるコンソの生活と農耕文化全体を描いたものを第3章として真ん中において、第1章から第5章まで民族誌として統一がとれるように今まで書いたものを配置した。

『ほろ酔いの村——超過密社会の不平等と平等』をなぜ書かねばならないと思ったのか。それは第6章の土器作りこそが階層化の出発点であり、分業化と同時に「余剰な物に対する欲望」をもった社会という「余剰な物に対する畏れ」という規矩を跨いでしまった社会になる契機ではないかと思ったからである。

第6章の文章は三年前には草稿を書き上げていた。コンソの調査からかなりの年数が経っているが、コンソの民族誌から人類史あるいは人類学の普遍的な問題を見つけ出すことはできないかと考えていた。そうして行き当たった普遍的な問題が分業・階層と市場は同時発生ではないかという直観であった。草稿を書き上げたが、論旨に自信がなかったのでエチオピアのエスニックグループ・アリの人類学的研究を行っている重田眞義さんに読んでもらった。多くのコメントをもらったが、修正できるところはコメントに従って直した。いちいち指摘されたところの修正については述べないが、重田さんには深く感謝したい。論旨全体には次のような興味深いコメントをもらい深く考えさせられた。

「かつて「コンソ資本主義」という言葉を使っておられた篠原さんが、やはりコンソもある意味でトングウェ的な「平等社会」を社会的知性でもって求める社会であったと言われることに、今回の論文を読ませてもらって深く納得しました。いっぽうアリ社会は、資本の蓄積や投資をおこなって差異を拡大することを、それ以前の平等社会から簡単にひょいと乗り越えて受け入れてしまったようです。豊かで王国があったという条件にはたしかにあてはまっています。しかし、市の場や、個々人の生計活動をみていくと、やはり突出を恐れる様々な社会的知性があります。今までは下手すぎる資本主義者として、よそからやってきたアムハラやウォロの商人に搾取されまくってきましたが。もし、私がもう一〇年早くアリを調査していれば、篠原さんと同じ結論に達していたのかもしれません」

一〇年前のアリ社会なら同じような結論に達するかもしれないと言ってくれたことがこの論文を出す決心につながった。重田さんはアリの調査の当初ではやはり深層では同じような問題意識をもっていたのではないか。もうひとり実は同じようなことを考えていたと思われる研究者がいる。

五年前に、この論文を書く契機になった生態人類学者の掛谷誠は亡くなった。若い頃から彼の周りには彼の影響で生態人類学を志した人が何人かいたが、その中に掛谷誠が亡くなったちょうど一年後に後を追うように亡くなった生態人類学者・丹野正がいる。丹野正が弘前大学を退職するとき最終記念講義があったが、彼は一九七〇年代にアフリカ熱帯森林のムブティ・ピグミーを一九八〇年代にアカ・ピグミーつまり狩猟採集民の調査を行った人類学者である。彼の最終講義を聞きに掛谷誠と二人で関西から出かけた。この講義の時に配られたのが、結果的には彼の遺稿となった『『資本論』「第一章　商品」の解読――マルクス独特の文体による経済学者との〝対話篇〟』[1]である。彼は最終講義で当然長く調査してきたピグミーの話をしたが、結論として「マルクスは一九世紀ヨーロッパに降り立ったピグミーである」という印象深い言葉で締めくくった。この言葉に驚愕したが、しかし一方ではやはり彼は「平等」とは何か、「平等を規矩として生きる人間」から「商品」とか「貨幣」がどうみえるのかと言った根源的なテーマを考えていた研究者だと思った。彼の遺稿となった論考の「あとがき」で彼は次のようにマルクスの商品論を取りあげる理由について述べている。

「私がはじめて『資本論』（当然だが日本語の）を読んだのは一九八八年だった。前年の暮れにアフリカから帰国してからの入院が長引いていたので、この際に読んでみようと思ったのと、私がそれまで調査していたアフリカ熱帯森林の狩猟採集民であるアカたちは、互いの間でも農耕民との間でも物々交換とか売買はやらなかったので、本書の「第一章　商品」がとくに私の関心をそそったからである。彼らは物を交換・売買しないといっても、彼らは入手獲得した物を自分や家族だけで利用し消費しているのではない。彼らは「分かち合っている」、平たく言えば、互いに物をあげたり貰ったりしているのである。そして、自分が物をあげるからには相手も物を貰わなければとか、自分があげた物と相手がくれる物を比べてこれでは割に合わないなどと言うことがないのである。さらに私が滞在していたキャンプのアカたちは物を数詞で数えることがないし、同じ地域の農耕民が日常的に使っているお金（紙幣）もそれがどういうものなのか理解していなかった。つまり農耕民は、彼らとの間での物のやりとりの際の仕事の手伝い等へのお返しとしては、意識的にお金の使用を避けてきたのである。要するに彼らはお互いの物を交換せずに、商品とはしないのである。だからとくに「第一章　商品」、「第二章　交換過程」および「第三章　貨幣また商品流通」からなる「第一編　商品と貨幣」に関心をもったのだった。」

この丹野のマルクスの商品論をとりあげる理由はピグミーのような社会や文化を知らなかったマルクスがそのような知らない世界がありながらも商品や貨幣のはじめて成立する社会を洞察していた鋭い論考を認めていたからである。同時に、もしマルクスがピグミーの社会や文化の生態人類学的調査を知っていたなら、この問題にどう対処したかということを丹野は考えていたにちがいない。その意味では丹野はピグミー社会の代弁者としてマルクスとの応答という形でこの遺稿は表現されたものだと解釈していいだろう。

掛谷誠や丹野正という生態人類学の濫觴を担った研究者の想いにはかなり共通していた問題意識があったのではないか。人類史を自由と平等のせめぎ合いという視点から再構成してみたい。そして人類史に外挿する場合、蓋然性の高い生態人類学的調査による資料に依らなければならない。どんな時代であろうが、どんな社会であろうが、「富を求める」ことは汎時代的でかつ汎社会的な感覚であって、どんな社会においても当然の前提として構築される論理は疑ってみてもいい。そうした想いが根底にあったのではないかと思う。私もコンソの社会をこうした文脈のなかで位置づけてみたいと思ってきたことが、第6章の論考を書く最大の理由である。掛谷誠も丹野正も同世代の親しい友人たちであったし、「平等」とか「自由」を根源的なところから考えてみたいと思っていたことは私たちの世代の共通の問題意識であった。

「平等」と「自由」について根源的なところから考えてみたいといったが、この「根源的なところ」の意味することがまた私たちの世代の共通した感覚である。この根源的なところからという意味には二つのことが含意されている。ひとつは対象へ向き合う方法のことであり、今ひとつは対象が異文化であれ自文化であれ、日常というか生活のなかの行為、態度、知識を問題にすることである。前者はフィールドワークという方法のことを指すが、それは自分の足で歩き、見て、そして聞いて自分で集めたデータで社会なり文化なりあるいは自然について考察するということである。つまりフィールドワークこそが思索の根源にあるものであり、自らの観察と聞き書きから集めたデータが語ることから始めようということである。フィールドワークは旅とよく似ているけど異なったものである。フィールドワークは異文化の内在的理解を目指すものだとすれば、旅は異文化の外在的理解で済んでしまうものである。人はなぜ旅をするのか、この問いの明確な答えはないが、人の祖先が直立二足歩行を始めたときから食物獲得のためウロウロしたことに起源があるというのが蓋然性の高い話であろう。この系譜が旅には未知の食べ物を食べる喜びが伴うこととつながるのではないかと思う。旅を支えているのはこうした未知のものへの好奇心なかんずく食物探しというバイオフィリア（生き物好き）が根幹にあると思う。旅と食べ物とは切っても切れない関係にあるようだ。

しかし、旅は旅先の人びとや文化とは一時的なつきあいであり、本人も日常の生活に戻れば旅先での出来事や文化から大きな影響を受けることはなく生活できる。この辺の事情がフィールドワークと旅の違いである。フィールドワークとは異なるものへの相互理解を目指した他者理解である。異なるものへの理解は相手の文化や社会のかなり深いところからの理解を目指すため、フィールドワークは相互に帰属する文化同士の葛藤、軋轢、不信も伴うことも多く、時間がかかりフィールドワークは概して長期に及ぶことが多い。つまり異文化の内在的理解を目指すのであるが、旅ともっとも異なるのは他者の内在的理解を通じて「人間性とは何か」ということまで追求していくと、他者理解が自文化理解や自己の存在の基盤まで揺るがしかねないことが起こることである。異文化という他者理解が自己解体を迫ることとさえあって、フィールドワークは危険極まりない行為なのである。

例えて言うなら、異文化と自文化の間に塀があってフィールドワークというのは限りなく異文化に近づくべく塀の上を歩くことに似ている。旅なら帰る場は確保もされているし、帰ろうという意志も明確である。その意味で旅は旅先の異文化の人びとや異文化に対して無責任でかまわない。フィールドワークは「異文化に惚れる」という危険性を孕んでいるため、塀の向こう側に落っこちてしまうことが起こりうる。しかし「相手に惚れる」ことがなければ「内在的理解」が得られないとすれば、惚れずに相手を理解することは不可能なのである。もっとも、恋愛が美しき誤解であり、結婚が永遠の後悔である例えのように、おそらく異文化の内在的理解とは美しき誤解であることはまずまちがいがない。それでもフィールドワークは異文化理解を目指す以外に方法はないではないか。これは一種の冒険という行為に等しい。

コンソの人びとや文化のように日本の人びとと日本文化とりもなおさずそれを体現している私という自己との乖離があまりに大きな場合には今述べてきたようなことは起こりえない。私がコンソの人びとや文化とつきあって作った箴言は「私の非常識はコンソの常識であり、コンソの非常識は私の常識である」というものであった。これが内在的理解になっているかどうかは、少なくとも私の非常識が常識にならなくてはならない。それはコンソのように酒食同源の世界を是としなければならないことを意味するが、これはやはり李白や杜甫のように詩の中の世界にとどめておきたいと願う。

それにしてもコンソでのフィールドワークというのは体力・気力・知力を必要とした。元来私自身が強さの順が体力・気力・知力で構成されている人間故に、「不平等と平等」という「人間性とは何か」というような根源的な思考を強いる試練に耐えられたのだと思う。フィールドワークというのは、自らの思想を創りあげることのできる格好の場なのである。

注

（1）丹野正『『資本論』「第一章　商品」の解読――マルクス独特の文体による経済学者との〝対話篇〟』弘前大学出版会、二〇一二年

初出情報

第1章から第5章はさまざまな学会誌や雑誌に発表した論文やエッセーである。そのため重複する部分もかなりあり、その部分は書き直したり、削除した。また用語や表現方法が不統一のため、それを修正して統一した。

第1章 「山の上に住む、ほろ酔いの人びと」『季刊民族学』68号、一九九四年
第2章 「畑の中の墓標」第1回、第2回、第3回『SOGI』29号、30号、31号、一九九五年
第3章 「エチオピア・コンソ社会の農耕と家畜」松井健編著『自然観の人類学』榕樹書林、二〇〇〇年
第4章 「屋根の上の土器」『東南アジア考古学』第15号、一九九五年
第5章 「土器を作って売る人びと」『動物考古学』第7号、一九九六年
第6章 「土器と織物の村」書き下ろし

あとがき

人は誰しも自分の歩んできた道に終止符を打たなければならない時がある。私の場合は人と自然の関係における民俗学的研究がそれにあたることになる。そしてそれは同時に普通の人びとが生きる山野や村を歩き、観察し、人びとから話を聞き、ときには漁につきあい農耕の手伝いもするというフィールドワークが伴うことであった。こうした研究生活に終止符を打つとは、単に論文を書かないとか研究書を書かないというだけではない。それはすでに生活の一部となってしまっているフィールドワークや旅をやめ、定住漂泊的な生活から定住隠棲的な生活に入るということである。それほど大きな畑をもっているわけではなく庭畑だが、これからは月並みに晴耕雨読の生活に入るということである。

私の研究生活はまず岡山県の北部の山間地帯にある岡山理科大学蒜山研究所の助手からはじまった。この就職を世話してくれたのは考古学者・小林行雄先生であった。この助手の三年間山村に生活したことがその後の研究の内容のすべてを決めたといってもいい。この三年間を含めて岡山理科大学に一三年勤めた後に、民俗学者・坪井洋文先生に乞われて千葉県佐倉市にある国立歴史民俗博物館に研究の場を変える。通称歴博と呼ばれるこの機関に二二年間在職し、その後六つの大学共同利用機関を統括する上部組織である人間文化研究機構に理事として二年間勤める。二年間勤めた時の齢が六四歳であった。そして当時滋賀県立琵琶湖博物館の館長であった生態学者・川那部浩哉先生に乞われて滋賀県立琵琶湖博物館の館長として近江の地にやってくる。そして館長として在職八年を迎えることになる。履歴だけを述べれば全く平凡な研究者のひとつの人生であることがわかる。

振り返ってみれば、自らの研究人生の中でいくつかの節目があり、その節目ですぐれた先人たちに出逢い教えや刺激を受けてきた。このことがいかに大きな幸運であったか計り知れないものがある。学生時代に伊谷純一郎先生に出会い、研究者としての人生を歩むことを決定づけた親友・掛谷誠との出会いはいうに及ばず、最初の職場を得ることになった小林行雄先生、民俗学への道を拓いてくれた坪井洋文先生そして最後の職場に招いてくれた川那部浩哉先生と幸運としかいいようのない人との出会いであった。既に故人になられた方々が多いが、忘れ得ぬ人びとである。

フィールドワークを他者理解の主要な方法として日本の山野や村そして海外の異文化の地を彷徨してきた。それにはフィールドワーカーの絶望と愉悦がいつも綯い交ぜになったものであったが、この著作は関わった異文化研究の民族誌を描いてみたいというフィールドワーカーの野望を決着させたものである。言うなれば私のフィールドワークの愉悦の部分を昇華させたものである。研究者の論考として終止符を打つにふさわしいかどうか別問題である。ともかく多くのその道の第一級の師匠に恵まれ、先輩や後輩を含め優秀な友人たちに刺激を受けることができた研究生活であった。これらの人びとを始めとして多くの研究仲間たちに感謝の意を表明して、私の研究生活の終止符を打つ弁としたい。

ま行

や行

ら行

わ行

な行

は行

た行

さ行

索引

あ行

か行

篠原徹（しのはら・とおる）

1945年中国長春市生まれ。民俗学者。京都大学理学部植物学科、同大学文学部史学科卒業。専攻は民俗学、生態人類学。国立歴史民俗博物館教授を経て、2019年3月まで滋賀県立琵琶湖博物館館長。従来の民俗学にはなかった漁や農に生きる人々の「技能」や自然に対する知識の総体である「自然知」に目を向ける（「人と自然の関係をめぐる民俗学的研究」）。著書に『自然と民俗―心意のなかの動植物』（日本エディタースクール出版部、1990年）、『海と山の民俗自然誌』（吉川弘文館、1995年）、『アフリカでケチを考えた―エチオピア・コンソの人びとと暮らし』（筑摩書房、1998年）、『講座・生態人類学7　エスノ・サイエンス』（共編、京都大学学術出版会、2002年）、『自然とつきあう』（小峰書店、2002年）、『自然を生きる技術―暮らしの民俗自然誌』（吉川弘文館、2005年）、『自然を詠む―俳句と民俗自然誌』（飯塚書店、2010年）、『酒薫旅情』（社会評論社、2014年）など。

ほろ酔いの村
――超過密社会の不平等と平等
©Toru SHINOHARA 2019

2019年3月25日　初版第一刷発行

著　者　　篠　原　　徹
発行人　　末　原　達　郎

京都大学学術出版会
京都市左京区吉田近衛町69番地
京都大学吉田南構内（〒606-8315）
電　話（０７５）７６１－６１８２
ＦＡＸ（０７５）７６１－６１９０
Home page http://www.kyoto-up.or.jp
振　替　０１０００－８－６４６７７

ISBN978-4-8140-0194-1
Printed in Japan

印刷・製本　亜細亜印刷株式会社
装丁　森　華
定価はカバーに表示してあります

本書のコピー，スキャン，デジタル化等の無断複製は著作権法上での例外を除き禁じられています。本書を代行業者等の第三者に依頼してスキャンやデジタル化することは，たとえ個人や家庭内での利用でも著作権法違反です。